微光集

新课改视域下
高中语文教育教法反思

主编 / 蹇 红 曾德娟

贵州大学出版社
Guizhou University Press

图书在版编目（ＣＩＰ）数据

微光集 : 新课改视域下高中语文教育教法反思 / 蹇
红, 曾德娟主编. -- 贵阳 : 贵州大学出版社, 2022.12
ISBN 978-7-5691-0597-1

Ⅰ.①微… Ⅱ.①蹇… ②曾… Ⅲ.①中学语文课－
教学研究－高中 Ⅳ.①G633.302

中国版本图书馆CIP数据核字(2022)第233160号

微光集

新课改视域下高中语文教育教法反思

主　编：蹇　红　曾德娟

出 版 人：闵　军
责任编辑：吴亚微
装帧设计：陈　丽

出版发行：贵州大学出版社有限责任公司
　　　　　地址：贵阳市花溪区贵州大学北校区出版大楼
　　　　　邮编：550025　电话：0851-88291180
印　　刷：贵州思捷华彩印刷有限公司
开　　本：710毫米×1000毫米　1/16
印　　张：16
字　　数：235千字
版　　次：2022年12月　第1版
印　　次：2022年12月　第1次印刷

书　　号：ISBN 978-7-5691-0597-1
定　　价：49.00元

前言

　　中华民族有着五千年的悠久历史，我们的祖先给我们留下了源远流长、博大精深的中华文化。从《诗经》《楚辞》到唐诗宋词，从六艺到琴棋书画，我们无不感受到祖先给我们留下的文化底蕴。打开中国文化的历史长卷，穿越千古尘埃，《三字经》《易经》《论语》等扑面而来。跨越时代的洪流，我们在诗词歌赋里看到了一个个才子的身影，有秀口一吐就是半个盛唐的李白，有希望"大庇天下寒士俱欢颜"的杜甫，有思量"竹杖芒鞋轻胜马"的苏轼，有感叹"小楼昨夜又东风"的李煜……

　　在这个生活节奏逐渐加快的时代，科技的车轮正以惊人的速度扫描世界，终日在电脑机器前忙碌的现代人，用电线、轨道、航线，把地球变成了一个村落。只要点击鼠标，我们就可以把自己粘贴在世界的任何角落。

　　古人曾经说，"行万里路，读万卷书"，对于现代人来说，行万里路容易，读万卷书则太难了。不过，人首先要认识自己，才可以认清世界，这已经被中外智慧人士不断印证过了。人才之所以能成功，正是因为他们有着矢志不渝的追求；有着不可摧毁的意志；有着对痛苦等闲视之的心境。在一次次生活的坎坷与磨难中自我提升与超越，才使他们成就了自己，丰富了自己。

　　我国古代的经典论著、史书、诗词等都是中国传统文化的重要载体。经典是不畏惧时间的，经典的魅力，与其耳闻，不如亲身体会。为了继承和发扬传统文化的精神，我们精心对人教版（选修）《中国古代诗歌散文欣赏》进行了备课讲解。这是一件非常有意义的事，因为古诗词鉴赏是文学作品阅读的重要内容之一，也是高考语文试卷的难点之一。《语文课程标准》中指出："诵读古代诗词，有意识地在积累、感悟和运用中，提高自己的欣赏品位和审美情趣。"高考对古诗词的考查以欣赏能力为重点，由单一的客观性选择题转向以主观性表述题为主的多类型考查。鉴赏是对古典诗词的鉴定和欣赏，是对古典诗词蕴含的形象和思想进行感受、理解和评判的思维活动和过程。古典诗词中蕴含着丰富的人文资源，这些知识正是当代青少年所欠缺的。所以，弘扬人文精神，进行人文教育，需要学习鉴赏古典诗词，这也是高中生继承和发扬我国优秀民族传统文化的重要一环。

本书从古代诗歌鉴赏、文言文基础、现代文阅读三个大的方面入手，站在"千年历史千年诗，读品赏鉴我心知""字求其义探其理，句索其旨悟精华""文章百变思有路，觅句寻章终认途"的角度上，对人教版（选修）《中国古代诗歌散文欣赏》的具体内容进行了详细解读，选取了《拟行路难（其四）》《蜀相》《书愤》《咏怀八十二首（其一）》《越中览古》《杂诗十二首》《夜归鹿门歌》《登岳阳楼》《新城道中》《李凭箜篌引》《虞美人》《苏幕遮》《燕歌行》《定风波·莫听穿林打叶声》十四首古诗词和《文言文"一词多义"》《文言文"名词活用"》《文言文"定语后置"》《文言文翻译技法》《小说整体阅读指导》《小说故事情节鉴赏》《小说人物鉴赏》《小说环境鉴赏》《小说主题探究》《包身工》十个答题思路等进行讲解，从根本上解决高中生在做文言文阅读、古诗词阅读、小说阅读时的重难点问题，对高考应试学生具有较强的指导性、针对性和实用性。同时，本书也是贵阳市市级课题"高中语文高效阅读教学策略与实践研究"的课题成果，汇集了编者自身多年的教学经验，教学技巧、教学心得。虽不能涵盖高考语文教学的全部内容，但我们坚信，本书对全力备考的高中学生和在高中一线教学的教师均具有实用价值和借鉴意义。

目 录

001 / 悲歌一曲诉愁肠——鲍照《拟行路难》(其四)

009 / 咏史伤怀 英雄悲歌——杜甫《蜀相》

017 / 书生无地效孤忠——陆游《书愤》

024 / 老阮不狂，大哀在怀——阮籍《咏怀八十二首》(其一)

032 / 乐极生悲 盛衰无常——李白《越中览古》

040 / 时逝业未成 生命自悲凄——陶渊明《杂诗十二首》(其二)

046 / 缘景觅境探幽情——孟浩然《夜归鹿门歌》赏读

054 / 一生漂泊一世忧——《登岳阳楼》

061 / 山水画屏 一路欢喜——苏轼《新城道中》(其一)

069 / 独奏惊艳千古，悲歌难觅知音——《李凭箜篌引》

077 / 悲号呜咽 血泪之书——《虞美人》

085　/　一曲风荷寄乡思——《苏幕遮》

092　/　边塞一曲声悲壮——高适《燕歌行》

100　/　于反常处见精神——苏轼《定风波·莫听穿林打叶声》

108　/　文言文阅读中的"一词多义"

118　/　文言词类活用——名词活用

129　/　文言特殊句式——定语后置

139　/　牢记"一二三六" 巧译文言语句——文言文翻译技法

155　/　尺幅千里说生活　百态人物道世相——小说整体阅读指导

167　/　小说故事情节鉴赏

178　/　因形悟神　立象尽意——小说人物形象鉴赏

190　/　聚焦人物舞台　读懂风景意义——小说环境鉴赏

202　/　小说阅读之主题探究

214　/　暗夜里的微光——夏衍《包身工》教学设计教学案例

227　/　附录："高中语文高效阅读教学策略与实践研究"课题研究结题报告

247　/　编后语

悲歌一曲诉愁肠

——鲍照《拟行路难》(其四)

核心问题

诗歌鉴赏是高中阶段语文学习的难点，也是高二教学的重点。

在诗歌鉴赏的过程中，学生往往更关注诗歌本身的字面意思，漠视诗人本真的生活，无法用个人的生活体验去感知诗人的心境，从而无法进入诗人营造的诗歌意境，导致难以感受到作者的情感，感悟到诗歌的精髓。

选修教材《中国古代诗歌散文欣赏》的第一单元为"以意逆志、知人论世"。该单元强调学生要切身体会诗歌写作的本意，深入探究作者的生平和思想，全面了解作者的生活环境和时代，从而更准确地解读诗歌内容，更深入地探究诗歌的意旨。

同时，新课程标准提倡群文阅读。本教学设计通过阅读与《行路难》主题相关的诗歌，促使学生在多文本阅读过程中关注诗歌的思想内容和艺术手法，从而为学生阅读由原来的读懂"一篇"到读通"一类"做铺垫。

教学目标

1.知人论世，了解作者的身世及写作背景，从而理解诗歌表达的"愁"。
2.与李白《行路难》比较，体会两诗思想内容和语言风格的不同。

教学重难点

教学重点：知人论世，准确理解和把握诗歌中表达的"愁"。

教学难点：与李白《行路难》比较，体会两诗思想内容和语言风格的不同。

课堂在线

一、导入

有一位诗人，他的诗以凌厉之势和"发唱惊挺"的独特魅力而著称，不仅在当时标举独出，征服了同时代的许多读者和诗人，而且也深得后代诗人和诗论家的赞许，他就是南朝诗人鲍照。唐代诗人杜甫就曾以"俊逸鲍参军"（《春日忆李白》）来称美李白；宋代敖器之说"鲍明远如饥鹰独出，奇矫无前"（《诗评》）；明代陆时雍说"鲍照才力标举，凌厉当年，如五丁凿山，开人世之所未有。当其得意时，直前挥霍，目无坚壁矣。骏马轻貂，雕弓短剑，秋风落日，驰骋平冈，可以想此君意气所在"（《诗境总论》），这些评论都足以说明鲍照诗歌俊逸豪放、奇矫凌厉的艺术风格在中国诗史上的突出地位。今天就让我们走进《拟行路难》，一起体会鲍照诗的独特魅力。

二、解题

《行路难》：乐府旧题，主要抒发世路艰难、离别悲伤的情感。有些学习汉魏乐府作品的题前多冠一"代"或"拟"字，故又为《拟行路难》。

三、知人论世

同学们，如果要准确解读一首诗歌的主旨情感，就必须对诗人生活的时代有所了解，那鲍照生活的时代是什么样的状况呢？鲍照生活在南北朝时期，这个时代实行的是门阀制度。

1. 什么是门阀制度：

门阀制度：三国两晋南北朝时期封建地主阶级特权的一种表现形式，它与当时的政治、经济和文化都有密切的关系，最主要的特征是按门第高下把人分为士族和庶族来选拔与任用官吏。

士族：又称世族，是以家族为基础，以门第为标准，在社会上形成的地主阶级中的一个特权阶层：

①政治上：按门第高低分享特权，世代担任很重要的官职。②经济上：士族占有大量土地和劳动力，建立起自给自足、实力雄厚的庄园经济。③社会生活：不与庶族通婚，甚至坐不同席。④文化上：崇尚清谈，占据高级文官职位。

庶族：是指士族以外的一般中小地主，也称寒门。

这种按出身来取士的制度，造成了"上品无寒门，下品无士族"的局面，严重地阻塞了寒门之子的仕途之路。因此，这些寒士心中的不平，在其文学作品中就充分表现了出来，成为这个时期文学的一个特色。

2. 作者介绍

鲍照，字明远，南朝宋文学家，本籍东海（治所在今山东郯城），以擅长写乐府诗闻名于世。其年轻时就树立远大的政治抱负，自认为有非凡的才华，但由于出身寒门庶族，不被朝廷重用，只能做一些小官，一辈子愤愤不得志，最后死在战乱中。

《拟行路难》共18首，这些诗表现了他为国建功立业的愿望、对门阀社会的不满、怀才不遇的痛苦、报国无门的愤懑和理想幻灭的悲哀，真实地反映了当时贫寒士人的生活状况。

四、领悟诗情（以意逆志）

拟行路难

◎ 鲍照

泻水置平地，各自东西南北流。

人生亦有命，安能行叹复坐愁？

酌酒以自宽，举杯断绝歌路难。

心非木石岂无感？吞声踯（zhí）躅（zhú）不敢言。

1. 同学们，读完全诗，请大家用一个字概括全诗流露出的诗人情感。

【明确】全诗突出一个"愁"字，所叹者为愁，酌酒为消愁，悲歌为断愁，不敢言者更添愁。正如沈德潜所说，此诗"妙在不曾说破，读之自然生愁"。

2. 诗人因何而愁呢？

【明确】钟嵘的《诗品》说鲍照"才秀人微，取湮当代"，本诗即是诗人的不平之鸣，抒发了诗人怀才不遇的愤懑之情。（感情基调）

3. 仔细品味作者是如何表现这种愁思与愤懑的？

（1）第一、二句用了什么表现手法？说明了什么道理？

【明确】运用了比喻的表现手法。以"水"喻人，那流向"东西南北"不同方位的"水"，恰好比喻了社会生活中在不同处境中的人。"水"的流向是地势造成的，而人的处境是门第决定的。这个比喻表明，像水依照地势流向各方一样，人的遭际是由家庭门第的贵贱决定的。这形象地揭示出了对封建社会的门阀制度的无奈。通过对泻水这一寻常现象的描写，引出对社会人生的无限感慨。

（2）第三句中的"命"是指什么？第三、四句应该怎样理解？

【明确】"命"指门第决定人生，即有什么样的门第就有什么样的遭遇。作者认为门阀制度非常不公平，但没法改变，似乎只能认命。

"安能行叹复坐愁?"是一个反问句,从字面上看,是说人生苦乐自有命,怎么能成天自怨自艾,应该学会自我宽慰。实际上,语句中蕴涵着不平之气。这个反问句,诗人深感不平,提出不言愁,感情基本上还比较平稳。(认命——不平)

(3)第五、六句塑造了一个什么样的形象?

【明确】以非常精练的笔法生动形象地刻画出诗人悲怆难抑的情态。酌酒原为排遣愁绪,然而,满怀郁结的悲愁岂是区区杯酒能驱散的?"抽刀断水水更流,举杯浇愁愁更愁",平添的几分酒意反而激起了愁海的狂澜,诗人趁着酒意击节高歌,唱起了悲怆的《行路难》,将一腔悲愤倾泻出来。他不甘认命,长歌当哭,这是何等悲烈的情景。读者从这举杯驱愁,却大放悲声的情节中,亦可想见其悲、其愁的沉郁了。(不认命——悲愤)

(4)第七、八句蕴含什么情感?

【明确】第七句是对前面几句的总结,诗人那驱不散的愁苦,实系对世事的感慨。心并非无知无觉的木石,理的劝喻,酒的麻醉,都不能使其心如槁木。"心非木石岂无感?"这一反问句式用得很精彩,此句像一声疾雷震霆,滚滚而来,冲决了诗人自我克制的堤防,使全诗的情感达到了高潮,表现了诗人的抗争精神。第八句表达的是作者心中的无奈,"岂无感"越是激昂,"不敢言"的痛苦就越是深沉。两句构成了一种鲜明的对照,将诗人忍辱负重、矛盾痛苦的精神状况表现得淋漓尽致。(认命——无奈)

总结:乍读之下,诗人似乎心平气和地接受了"人生亦有命"的现实。其实,他是用反嘲的笔法来抨击不合理的门阀制度。地,岂是平的?泻水于地,难道不是依照地势而流向各方吗?一个人的遭际如何,犹如泻水置地,不是也被出身的贵贱、社会地位的高低所决定了吗?

"泻水"四句言不当愁,接着写借酒浇愁。"酌酒以自宽,举杯断绝歌路难。"满怀的悲愁岂是区区杯酒能驱散的?诗人击节高歌唱起了凄怆的《行路难》。面对如此不合理的现实,诗人"心非木石岂无感"?理的劝慰、酒的麻醉,难道就能使人心如槁木吗?当然不能。全诗的感情也在这句中达到了高潮。紧接着却是一个急转直下，"吞声踯躅不敢言"。诗情的跌宕，将诗人忍辱负重、矛盾痛苦的精神状态表现得淋漓尽致。

在那个以门第取士的社会，出身寒门的鲍照，纵是才华横溢、壮志凌云，却报国无门，只能将一腔的悲愤诉诸笔端，用这一曲悲歌来诉愁肠。

拓展研究

1.思考：从思想内容和语言风格方面，说说此诗对李白的《行路难》有哪些影响。

行路难

◎李白

金樽清酒斗十千，玉盘珍羞直万钱。停杯投箸不能食，拔剑四顾心茫然。
欲渡黄河冰塞川，将登太行雪满山。闲来垂钓碧溪上，忽复乘舟梦日边。
行路难，行路难，多歧路，今安在？长风破浪会有时，直挂云帆济沧海。

诗以"行路难"比喻世道险阻，抒写了诗人在政治道路上遭遇艰难时，产生的不可抑制的激愤情绪。但李白并未因此而放弃远大的政治理想，仍盼着总有一天能有机会施展自己的才能，表现了他对人生前途乐观、豪迈的气概，充满了积极浪漫主义的情调。

诗的开头写"金樽清酒""玉盘珍羞"，给人营造了一个欢乐的宴会场面。接着写"停杯投箸""拔剑四顾"，又向读者展现了作者感情波涛的冲击。

中间四句，诗人既感叹"冰塞川""雪满山"，又恍然神游千载之上，看到了吕尚和伊尹忽然得到重用。"行路难"四个短句，又表现了诗人进退两难和继续追求的矛盾心理。

最后两句，诗人写自己的理想终有一天能够实现。全诗在高度彷徨与大量感叹之后，以"长风破浪会有时"忽开异境，并且坚信美好前景终会到来，因而"直挂云帆济沧海"，急流勇进。整体来看，蕴意波澜起伏，跌宕多姿。

2. 以李白的乐府歌行为例，与鲍照之诗作简要比较：

唐代李白对鲍照的《拟行路难》情有独钟，他的《行路难》《将进酒》等乐府诗也写"愁"，且情感跌宕起伏。其诗有愁，但力图突破愁的束缚，李白的乐府诗从内容到形式都体现出对鲍照诗的继承。

鲍照的《拟行路难》影响了李白的《行路难》。从思想内容来看，二者都是写怀才不遇时悲愤不平的感情；从语言风格来讲，二者都受到汉乐府的影响。《行路难》语言质朴，用近乎口语的文字表现深邃的诗意。全诗气势连贯，笔力遒劲有力。

课堂拓展

搜集一些怀才不遇的文人诗词，体会他们对待人生之路的艰难有怎样不同的态度。

李白《行路难》："长风破浪会有时，直挂云帆济沧海。"

苏轼《定风波》："一蓑烟雨任平生。"

《念奴娇·赤壁怀古》："人生如梦，一尊还酹江月。"

王勃《滕王阁序》："孟尝高洁，空怀报国之心；阮籍猖狂，岂效穷途之哭！"

课堂总结

个人的命运与其所处的时代息息相关。千百年来，多少文人雅士"才秀"而"人微"，有才而无望，"英雄无用武之地"。"冯唐易老，李广难封"，这是千古的悲怆。值得庆幸的是，我们生在了一个可以自由施展才华的大好时代，只患己之不能，不患人之不知己，我们要做的，就是努力使自己成为一个"德美才秀"的人，因为我们的时代，是一个可以大有作为的时代！

课后作业

联想比较，就全诗或自己感受最深的某句诗谈一谈自己的理解。

板书设计

《拟行路难》　鲍照

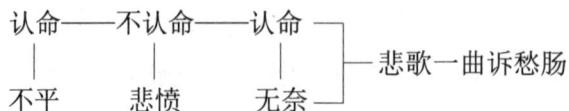

认命——不认命——认命 ┐
　│　　　│　　　│　├—悲歌一曲诉愁肠
不平　　悲愤　　无奈 ┘

咏史伤怀　英雄悲歌

——杜甫《蜀相》

核心问题

　　《蜀相》是人教版普通高中课程标准实验教科书高二语文选修教材《中国古代诗歌散文欣赏》第一单元第四篇自主赏析篇目。本单元教学目标为掌握诗歌鉴赏的重要方法——"以意逆志，知人论世"。《蜀相》是"诗圣"杜甫的七律咏史名篇，是进行"以意逆志，知人论世"诗歌鉴赏指导和把握典型咏史怀古诗的优秀个案。学习本诗，将为学生学习本单元"推荐作品"打下良好的基础，也有益于后期学习古代诗文鉴赏的方法。

教学目标

　　1. 理解诗歌意象，梳理作品脉络，把握作品的内容和主旨。

　　2. 学会联系时代背景及诗人的人生经历，体会杜甫对英雄的崇敬、仰慕、叹惋之情及忧国忧民、壮志难酬的情怀。

　　3. 以《蜀相》为例，探寻一下古代咏史怀古类诗歌的基本特点。

教学重难点

教学重点：

理解诗歌意象，梳理作品脉络，把握作品的内容和主旨。

以《蜀相》为例，探寻一下古代咏史怀古类诗歌的基本特点。

教学难点：

在欣赏和吟咏诗歌的过程中，体会杜甫的情感，与诗人达成心灵的共鸣。

课堂在线

一、温故知新

咏史怀古作为古代诗歌的重要题材，我们对其并不陌生。我们不妨回顾一下：比如初中的时候，我们学过的咏史怀古诗有晚唐杜牧的《赤壁》，"折戟沉沙铁未销，自将磨洗认前朝。东风不与周郎便，铜雀春深锁二乔"。还有《泊秦淮》，"烟笼寒水月笼沙，夜泊秦淮近酒家。商女不知亡国恨，隔江犹唱后庭花"。元代张养浩的《山坡羊·骊山怀古》和《潼关怀古》等。到了高中，我们在必修课里也学过不少，比如杜甫的《咏怀古迹（其三）》、李商隐的《马嵬》、苏轼的《念奴娇·赤壁怀古》、辛弃疾的《永遇乐·京口北固亭怀古》等。

学生活动一： 下面就让我们结合这些已经学过的咏史怀古类诗歌，思考一下，它们在内容上都有什么基本特点？

【明确】咏史怀古类诗歌在内容上主要具有以下三个基本特点：第一，"诗""史"结合。不管是咏史诗，还是怀古诗，都是以历史题材为咏写对象，对历史人物的功过、历史事件的成败等发表议论，抒发感慨。第二，"古""今"结合。这一类诗歌往往都立足现实，或借古以讽今，或发思古之幽情。第三，就是"咏史"和"言志"结合。具体地讲，咏史怀古诗往往都会涉及"临古地、思古人、忆古事、抒己情"这四个方面的内容。

二、知人论世

杜甫（712年—770年），字子美，自号"少陵野老"，唐代伟大的现实主义诗人，与李白合称"李杜"。出生于河南巩县（今河南省巩义市），原籍湖北襄阳。初唐诗人杜审言之孙。唐肃宗时，官至左拾遗。后入蜀，友人严武推荐他做剑南节度府参谋，加检校工部员外郎。故后世又称他"杜拾遗""杜工部"。杜甫的思想核心是仁政思想，他有"致君尧舜上，再使风俗淳"的宏伟抱负。杜甫虽然在世时名声并不显赫，但后来声名远播，对中国文学和日本文学都产生了深远的影响。杜甫共有约1500首诗歌被保留了下来，大多集于《杜工部集》。杜甫在中国古典诗歌中的影响非常深远，被后人称为"诗圣"，他的诗被称为"诗史"。宋朝张戒言："韵有不可及者，曹子建是也。味有不可及者，渊明是也。才力有不可及者，李太白、韩退之是也。意气有不可及者，杜子美是也。"

唐肃宗上元元年，也就是公元760年，杜甫几经辗转，最后来到了成都，在朋友的资助下，定居在浣花溪畔。《蜀相》就写于他初到成都之时。此时，持续了五年之久的安史之乱尚未平定，国家命运仍在风雨飘摇之中。在这样的大背景下，杜甫到成都郊外的武侯祠去凭吊，有感而发，写下了这首感人肺腑的千古绝唱。

三、诵读理解

1. 学生朗读诗歌，要求：认准字形，读准字音；正确断句，读出节奏。

七律诗歌句式的节拍有两种划分方式："二二二一"和"二二一二"。诵读时每个节拍遇到平声字可以适当延长，遇到仄声字可以稍作停顿，这样诵读起来就有一种抑扬顿挫的韵律感。此外，一些律诗对仗很工整，但部分律诗并非如此，在学习的过程中，关注这个特点，有助于记诵诗歌。

蜀 相

◎ 杜甫

丞相／祠堂／何处／寻？锦官／城外／柏／森森。
映阶／碧草／自／春色，隔叶／黄鹂／空／好音。
三顾／频烦／天下／计，两朝／开济／老臣／心。
出师／未捷／身／先死，长使／英雄／泪／满襟。

2.学生结合注释，理解诗句内容，在有疑问的地方做好标识。

学生活动二：作为一首咏史怀古诗，本诗哪句是"临古地"，哪里在"思古人，忆古事"，哪里又是"抒己情"？

【明确】诗歌的前两联主要是对武侯祠的景色进行了描写，此为"临古地"；在颈联和尾联的第一句对诸葛亮的一生进行了高度的概括，也就是"思古人，忆古事"；最后一句则直接抒发了内心的感慨，即"抒己情"。

四、文本赏析

学生活动三：从"临古地、思古人、忆古事、抒己情"四个方面来对诗歌进行赏析。

【明确】临古地。诗人来到成都郊外，诸葛祠静谧肃穆、寂寥冷落，作者忆起了蜀相诸葛亮，他有着盖世勋业却含恨而终。诗歌中，诗人既有对诸葛亮雄才大略、忠心报国的仰慕和称颂，也有对他出师未捷而身死的哀思痛惜。同时，诗人在字里行间还寄寓了才困时艰的感慨和自己壮志未酬的遗憾。全诗前两联吊古写景，后两联咏史抒情，在起承转合中波澜层起，使人一唱三叹，仍感余味不绝。

咏史怀古类诗歌标题中往往都有古迹、古人名，从这个标题来看，我们就可以知道诗人在诗中所写意在人而不在祠。

"丞相祠堂何处寻？锦官城外柏森森。"古典诗歌中常以问答起句，突出感情的起伏，本诗也不例外。上句"丞相祠堂"直切题意，点明了凭吊之地。"何处寻"，一个"寻"字，使一个虔诚造谒、追慕先贤的诗人形象跃然纸上。下句"锦官城外柏森森"，展现了翠柏成林，葱葱郁郁，静谧肃穆的景象。柏树生命长久，常年不凋，高大挺拔，常被用作祠庙中的观赏树木。此外，柏树在古诗词中是具有象征意义的，《诗经·小雅》中就有"草木秋死，松柏独存"这样的句子。作者抓住武侯祠的这一景物，展现出柏树伟岸、苍劲的形象特征，柏树的特征也是诸葛亮高尚人格的象征，让人肃然起敬。诗歌中的一些重要动词和意象是我们需要关注的，因为它们往往和情感的表达有着紧密的联系。因此，首联一问一答，看似平常，实则气度不凡。

"映阶碧草自春色，隔叶黄鹂空好音。""映阶"，即映照着台阶，古代的祠庙都有庭院和殿堂，人们要进入殿堂，就要拾级而上。"好音"，指悦耳的声音。茵茵春草，铺展到石阶之下，映现出一片绿色。几只黄莺，在林叶之间穿行，发出婉转清脆的叫声。色彩鲜明，静动相衬，恬淡自然，美妙地表现出武侯祠内那春意盎然的景象。然而，一个"自"一个"空"，使诗意陡然逆转，掩映台阶的碧草空自展现着一派春色，藏在密叶间的黄鹂徒劳地婉转歌唱。这里的"自"和"空"即"独自"和"空有、徒有"的意思。青草自绿，无人光顾，黄鹂空啼，无人聆听，赏心悦目的春色被抹上了一层浓浓的寂寞和悲凉。王国维说："'红杏枝头春意闹'，著一'闹'字而境界全出。"这里"自""空"两字也有使境界全出的作用。我们在品析诗歌语言的过程中，大家除了应该关注动词、形容词以外，也需要留意一些副词。以我观物，物皆著我之色彩，伤己染物，诗人的内心世界与外在的客观景物也就自然地融为一体了。

"三顾频烦天下计，两朝开济老臣心。"到了颈联，寂寞感伤的诗人由眼前之景转入对诸葛亮的追思，这一联浓墨重彩，高度概括了诸葛亮的一生。先看上句，出山之前，刘备三顾茅庐，诸葛亮作《隆中对》，他在当时就预见了魏蜀吴鼎足三分的政治形势，并且为刘备制定了一整套统一国家的策略，"天下计"足见诸葛亮的济世雄才。再看下句，出山之后，诸葛亮辅助刘备开创蜀汉、匡扶刘禅，"老臣心"则颂扬了他为国呕心沥血。两句十四个字，将人们带到战乱不已的三国时代，在广阔的历史背景下，刻画出一位忠君爱国、济世扶危的贤相形象。怀古亦是为了伤今。此时，安史之乱尚未平定，国家分崩离析，人民流离失所，使诗人忧心如焚。他渴望能有忠臣贤相来匡扶社稷，整顿乾坤，恢复国家的和平统一。这种忧国思想凝聚成诗人对诸葛亮的敬慕之情，在这一历史人物身上，诗人寄托自己对国家命运的美好憧憬。

"出师未捷身先死，长使英雄泪满襟。"进入尾联，诗人用了"孔明六出祁山"之事升华全诗所抒之情。诸葛亮的一生中，特别感人之事就是他的"死"。为了帮刘氏兴复汉室，统一天下，他曾经六次出兵祁山伐魏，却因操劳过度，病死在五丈原的军营中，死时，年仅五十四岁。"长使英雄泪满襟"，这让诗人感到深深的悲痛和惋惜。杜甫是一位忧国忧民、以天下为己任的诗人，本怀着"致君尧舜上，再使风俗淳"的政治抱负，却始终没有机会施展才华。远大的理想和抱负无可奈何地落空了。悲痛和惋惜背后，也寄托了诗人壮志难酬的苦痛。我们再深入分析，"英雄"的前面还有一个"长使"，这就从时间与空间两个方面大大地扩大了感染的范围，"英雄"就不仅限于诸葛亮，也不仅限于杜甫，而是把普天之下具有报国雄心、追怀前贤的人们都统统包揽在内了。古往今来，历史上一切事业未竟的英雄人物都会对有志之士壮志未酬的遭遇产生深深的遗憾和共鸣。这两句道出千古失意英雄的同感，如唐代永贞革新的首领王叔文和宋代抗金民族英雄宗泽等人在事业失败时，都愤然诵此联诗句，这样的悲剧之美，历久不衰。

知识总结

学生活动四：《蜀相》作为杜甫咏史怀古诗歌的代表之作，既有对历史的评说，又有现实的寓托，在历代咏赞诸葛亮的诗篇中，堪称绝唱。下面请同学们根据自己所学过的古代诗歌，尝试总结咏史怀古类诗歌的常见主旨。

【明确】咏史怀古类诗歌以历史事件、历史人物、历史陈迹为题材，借咏叹史实、怀念古迹来达到感慨兴衰、寄托哀思、托古讽今的目的。它的主旨常有以下几种类别：

第一种，怀人伤己。作者追念古人一般是因其与古人在身世际遇有着相似之处，出发点在古人，落脚点却是在自己。其中，有的诗歌中古人能一展抱负，建功立业，而自己却因为某种原因被朝廷冷落或不能才尽其用，从而产生郁郁寡欢乃至消极遁世之心理，如苏轼的《念奴娇·赤壁怀古》。而有的诗人自己和古人有相同的遭遇，追思古人更体现自己的失意，关照自我，抒发自己渴望建功立业的志向或怀才不遇的感伤，我们今天所学的《蜀相》就属于这一类。第二种，怀古伤今。现实的不尽人意就难免使诗人触景生情，在这一类诗歌中诗人抒发的往往是对盛衰的感伤，对物换星移、物是人非的悲哀之情。昔日的风景依旧，只是时移世易、物是人非，给人带来幻梦似的感觉，不由得让人做冷静的思考。唐代诗人刘禹锡的《乌衣巷》就属于这一类作品。第三种，借古讽今。在这一类的咏史怀古诗中，诗人往往会暗含对现实的不满甚至批判，揭露统治者的昏庸腐朽，同情下层人民的疾苦，担忧国家的前途命运，这也是咏史怀古诗最常见的主旨。最后一种是作者对历史进行理性分析，独出机杼，表达诗人自己对历史事实的独特观点，启迪世人。杜牧的《赤壁》和《题乌江亭》属于这一类作品。

课堂总结

正如文化学者余秋雨所说，中国传统文学中最大的抒情主题不是爱，不是死，而是怀古之情、兴亡之叹，在这些作品中，我们也能穿越时空，读出历史的温度和人性的光辉。

课后作业

自主赏析《武侯庙》，说说《武侯庙》与《蜀相》在内容和主旨上的异同。

武侯庙

◎ 佚名

剑江春水绿沄沄，五丈原头日又曛。

旧业未能归后主，大星先已落前军。

南阳祠宇空秋草，西蜀关山隔暮云。

正统不惭传万古，莫将成败论三分。

板书设计

临古地：诸葛祠　寂寥冷落

思古人：蜀相（诸葛亮）

忆古事：盖世勋业　事业未竟

抒己情：称颂仰慕　哀思痛惜　壮志未酬

书生无地效孤忠

——陆游《书愤》

核心问题

　　《书愤》是人教版选修教材《中国古代诗歌散文欣赏》"诗歌之部"的第一单元"以意逆志　知人论世"中自主赏析篇目。本单元要求学生能够理解"以意逆志　知人论世"的内涵，运用"以意逆志，知人论世"的理论，分析鉴赏诗歌的方法。

教学目标

　　1.运用"以意逆志"的方法，理解诗歌意象，梳理作品脉络，理解诗歌内容。

　　2.运用"知人论世"的方法，探究诗歌的主旨，体味诗人的思想感情和作品的深层意蕴，把握诗人"愤"的内涵和根源。

教学重难点

　　教学重点：理解诗歌内容，探究诗歌的主旨。

　　教学难点：把握诗人"愤"的内涵和根源。

　　　　　　　　　　　　　课堂在线

一、温故知新

由学过的《十一月四日风雨大作（其二）》《示儿》导入陆游南宋爱国诗人的身份。

二、知人论世

1. 教师补充陆游的其他诗句，突出其爱国诗人的身份。

平生万里心，执戈王前驱。——《夜读兵书》

切勿轻书生，上马能击贼。——《太息》

逆胡未灭心未平，孤剑床头铿有声。——《三月十七日夜醉中作》

陆游，字务观，号放翁。南宋时越州山阴人，著名文学家、史学家、爱国诗人。

年少时，陆游就立下了"上马击狂胡，下马草军书"的志向。他生在民族矛盾尖锐、国势危迫的时代，一贯坚持抗金主张，怀着"铁马横戈""气吞胡虏"的英雄气概和"一身报国有万死"的牺牲精神，决心"扫胡尘""靖国难"。但在政治斗争中，陆游屡遭朝廷投降派的排挤、打压，可是，他始终坚贞不渝地坚持自己的理想。

嘉定二年（1210 年），85 岁的老诗人，抱着"死前恨不见中原同"的遗恨，离开人世。他临终作诗，仍对北伐和收复失地念念不忘。

陆游的诗大致可以分为三期：

第一期是从少年到中年（46 岁），即入蜀以前。这一时期存诗 200 首左右，且偏于文字形式，内容尚不充实。

第二期是入蜀以后，到他 64 岁罢官东归。这一时期存诗共 2400 余首。这一时期，他从军报国，充满战斗气息及爱国激情，也是其诗歌创作的成熟期。

第三期是长期蛰居故乡山阴一直到逝世。现存诗约 6500 首。其诗表现了一种清旷淡远的田园风味，并不时流露着对苍凉人生的感慨。"诗到无人爱处工"，可算是道出了他当时的心情和所向往的艺术境界。另外，他这一时期的诗中也表现出趋向质朴而沉实的创作风格。

陆游一生都在为北伐抗金而呐喊，他不仅仅是一位诗人，更是一名战士。

2. 教师补充本诗的创作背景。

陆游生活在金兵大举入侵，中原沦陷的时代，那时南宋当局偏安江南一隅，不思北伐。陆游主张抗金，触犯了投降派的利益，所以一再遭到打击、排挤，多次被罢官。

《书愤》创作于宋孝宗淳熙十三年（1186 年），此时陆游已 61 岁，在山阴闲居了 6 年，眼看北定中原、收复失地的志向就要化为泡影，在失望悲愤中，他写下了这首诗，抒发了自己报国无门、壮志难酬的满腔激愤。

陆游是战士，却没有生在开疆拓土的强汉盛唐，而是生活在屈膝无能、内忧外患的南宋。山河破碎，而统治者却偏安一隅。陆游一生主张北伐抗金，从年轻到年迈，在临终前还嘱托儿子"王师北定中原日，家祭无忘告乃翁"。收复国土，恢复中原，是他一生的信念。但他的这种主张却总是遭到"主和派"的打压，"报国欲死无战场"，"书生无地效孤忠"，也是他一生的愤恨和遗憾。

三、诵读理解

1. 师生朗读诗歌，要求：认准字形，读准字音；正确断句，读出节奏。
2. 学生结合注释，理解诗句内容，在有疑问的地方做好标识。

四、领悟诗情

学生活动一：思考"书愤"的内涵。"书"就是写，"书愤"就是写下愤懑，那么诗人内心究竟有着怎样的愤懑呢？它包含哪些感情？

【明确】"早岁那知世事艰，中原北望气如山。"国土沦陷，自己又已年迈，双重失意的诗人，不禁想起热血沸腾的青年时代，感慨也就油然而生。

年轻的时候，哪里知道世道是如此艰难，抗金大业怎会备受阻挠呢？当时北望中原，气壮山河，以为收复失地指日可待。此处的"北望中原"其实应为"中原北望"，有时为了音韵或是表达的需要，诗人会进行一些语序的调整，以达到独特的艺术效果。比如"欲穷千里目，更上一层楼"中的"欲穷千里目"就是"目欲穷千里"的倒装，再比如《念奴娇·赤壁怀古》中的"多情应笑我，早生华发"也是这种表达，我们在理解诗歌的时候要能够还原语序。诗人开篇自问，其失望与郁愤交织在一起，不可抑制，喷薄而出。诗也就自然引入回忆，把思绪拉回到那个烽火岁月。（首联：书早年恢复中原之志。）

　　"楼船夜雪瓜洲渡，铁马秋风大散关。"结合文下的注释，我们可以知道这两句追述了 25 年前，诗人在 36 岁时的两次战斗：一次是在瓜洲渡击退金兵，另一次是大散关的失而复得。这两句集中描写了南宋军队英勇抗金的战斗情景，表明了南宋人民保卫自己国家的决心。在瓜洲渡口，风雪交加之夜，南宋大军高大的战船冒雪挺进；在大散关上，横刀立马，尽显英雄气概。上下两句诗，描述了从东南的扬州到西北的宝鸡，空间跨度绵延万里，从水战到陆战，雄壮至极。楼船就是中国古代战船，因船高首宽，外观似楼而得名。"楼船"与"夜雪"，"铁马"与"秋风"，意象的两两组合，为我们展开了两幅开阔、壮观的战场画卷。谁能想到，这样的诗句不是出自盛唐的大漠边塞上，而是写在孱弱南宋杏花微雨之江南。陆放翁慨然咏出这样雄壮的诗篇，这就是他的气概和风骨的最好体现。至此，"楼船夜雪""铁马秋风"和"边关冷月"一起，成为描写军旅生活的典型意象，对后世产生了深远的影响。（颔联：书两次抗金胜利之役。）

　　"塞上长城空自许，镜中衰鬓已先斑。"转入现实，陆游相信自己的军事才能，于是在上句中用了"塞上长城"这个典故来明志，该典故出自《南史·檀道济传》，南朝宋文帝杀大将檀道济，檀在临死前愤怒地说："乃坏汝万里长城！"此典一用，陆游渴望捍卫国家，扬威边地的形象跃然纸上。可是一个"空"字，却让壮志成空，让理想破灭，诗人虽然没有像檀道济一样被冤杀，但因为主战而屡次被贬斥，"塞上长城"只能"空自许"；再揽镜自照，衰鬓斑斑，年华老去。"有心杀贼，无力回天"，一边是豪壮的报国之志，一边却屡屡受挫，韶华易逝，两相对比，足见悲怆和郁愤。"报国欲死无战场"，"书生无地效孤忠"。自己究竟应该何去何从，陆游在尾联中给出了答案。（颈联：书年事已高、壮志未酬之情。）

"出师一表真名世，千载谁堪伯仲间。"失意之际，诗人把目光投向了古圣先贤。诸葛亮在《出师表》中"受任于败军之际，奉命于危难之间"，"鞠躬尽瘁，死而后已"，这些语句都是他一生人格精神的写照，也是陆游所追求的精神。诗人用典自勉，不仅表明自己恢复中原之志，更是强烈贬斥朝廷上下主降的碌碌小人。（尾联：书敬仰诸葛、渴望建功之愿。）

小结：①郁愤。首联写诗人早年激愤于金兵南侵，立志收复失地。颔联追述25年前的两次抗金胜仗。愤中有豪言壮志，有民族大义，也有反观现实的愤懑。②悲愤。颈联"塞上长城空自许，镜中衰鬓已先斑"，由于投降派误国，国家依然蒙受大难，诗人壮志未酬，却年事已高。这一联的情感基调是沉痛、感伤。③悲怆中抱有期待，更有对国家的忠愤。尾联"出师一表真名世，千载谁堪伯仲间"实际上是诗人以诸葛亮自况。诸葛亮在《出师表》中曾说过"北定中原""兴复汉室"，诗人正是以此自勉。由此可见，《书愤》的基调虽然是壮志未酬所带来的悲愤，然而并不绝望，其中还蕴藏着壮志豪情。

拓展研究

学生活动二：在陆游的很多诗歌中，多次提到诸葛亮和《出师表》，同学们联系历史背景思考，陆游为什么喜欢吟咏诸葛亮之精句？

【明确】南宋王朝一直在金人的侵略下苟延残喘，陆游生活在这样的时代，一生都为抗金呐喊，"鞠躬尽瘁，死而后已"，这是诸葛亮一生人格精神的写照，也是陆游所追求的精神。他们的理想可能不会实现，但却永远也不会放弃，知其不可为而为之，诸葛亮和陆游都有相同的精神。读到这里，一种力量在升腾，让整首诗在愤懑中透出悲壮。其实不仅仅是陆游，我们可以在很多和他同时期的人身上看到同样的精神，比如历史上的"中兴四将"和辛弃疾。中华民族也正是有着这样雄健的精神，高唱着前进的曲调，在这悲壮歌声中，走过了无数崎岖险阻的道路。

课堂总结

诗人的个人遭遇，是民族命运的缩影。爱国主题在中国古代诗歌中是重要主题，每当国家面临危亡时，这种主题总会在诗坛上大放异彩。陆游继承了这种传统，爱国主题不但贯穿了他长达 60 年的创作历程，而且融入了他的整个生命，成为陆诗的精华和灵魂。清末梁启超说："诗界千年靡靡风，兵魂销尽国魂空。集中十九从军乐，亘古男儿一放翁！"

课后作业

自主赏析陆游诗作《临安春雨初霁》，结合诗歌的创作背景，谈谈这两首诗在情感和诗歌风格上的差异。

临安春雨初霁
◎ 陆游

世味年来薄似纱，谁令骑马客京华。

小楼一夜听春雨，深巷明朝卖杏花。

矮纸斜行闲作草，晴窗细乳戏分茶。

素衣莫起风尘叹，犹及清明可到家。

【明确】这两首诗都写于 1186 年，陆游在被罢官六年后被重新起用，宋孝宗任命他代理严州（现在浙江建德）军事。《书愤》内容，兼有追怀往事和重新立誓报国的双重感情。全诗以"愤"为意脉，沉郁顿挫，深沉蕴藉。陆游去严州赴任前，先到临安（现在杭州）去觐见皇帝，住在西湖边上的客栈里等候召见。宋孝宗召见陆游时，对他说："严陵山水胜处，职事之暇，可以赋咏自适。"显然不想重用他。陆游对这个职位不感兴趣，但迫于"圣命"，又为了维持生计，也只好接受下来。《临安春雨初霁》就是在这种心情支配下于临安写的。这首诗的首联表示对仕途的厌倦与失望，并透露客居京华的懊悔。颔联用明媚的春光做背景，表达自己的郁闷与惆怅。颈联呈现一个极闲适的境界，却在背后，藏着诗人壮志未酬的感慨与牢骚。尾联是自我解嘲，悲愤之情见于言外。可见，在内容上，这首诗借写江南春雨和书斋的闲适生活，表达了诗人对京华生活的厌倦和不得志的悲愤与牢骚，在风格上，如果说《书愤》是近似杜甫诗歌的作品，那这首诗更近似苏轼的一些作品，写得优美动人，富于情趣。

☺ **板书设计**

首联：书早年恢复中原之志　┐
颔联：书两次抗金胜利之役　│　郁愤
颈联：书年事已高、壮志未酬之情　┘　悲愤

尾联：书敬仰诸葛、渴望建功之愿　　忠愤

老阮不狂，大哀在怀

——阮籍《咏怀八十二首》(其一)

核心问题

　　高二的学生通过必修一到必修五的学习，已经具备了一定的诗歌鉴赏能力，已经能在一定程度上把握诗歌的意象，并且能通过阅读初步理解诗意，但要想深入理解诗歌的内涵，还需要在知人论世、以意逆志等方面下功夫。

　　本节课重点在教学生学会以意逆志、知人论世的方法，以期通过本节课的学习，能够帮助学生把握以上方法，加深对诗歌的理解。

教学目标

　　1. 了解阮籍及其诗歌创作的时代背景，体会诗歌表达的思想感情，学习诗人借景抒情的表达技巧。

　　2. 细心品味诗中的意象，理解诗歌的艺术构思和意境创设。

　　3. 阅读《咏怀八十二首》(其七十九)，深刻理解相同作者，不同诗歌情感的异同，提高阅读鉴赏能力。

教学重难点

教学重点：了解阮籍及诗歌创作的时代背景，体会诗歌表达的思想感情，学习诗人借景抒情的表达技巧。

教学难点：阅读《咏怀八十二首》（其七十九），深刻理解相同作者，不同诗歌情感的异同，提高阅读鉴赏能力。

课堂在线

一、导入

《滕王阁序》中写道："孟尝高洁，空余报国之情；阮籍猖狂，岂效穷途之哭。"阮籍嗜酒如命，常常喝得酩酊大醉，架车而行，路尽而返。青白眼、穷途哭、广武叹……他的放诞恣肆，似乎成了他的生命特质。那么他为什么如此"猖狂"呢？今天，让我们一起走进阮籍的世界，走进他的《咏怀八十二首》（其一）。今天我们赏析此诗的主要方向就是"老阮不狂，大哀在怀"。

二、解题

这里的"咏怀"是抒感慨，发议论，写理想的意思。阮籍的咏怀诗中充满苦闷和孤独的情绪。

三、知人论世

1. 时代背景

阮籍生活在魏晋之际，其时，曹魏集团日见腐朽没落。公元 239 年，魏明帝曹叡死，太子曹芳即位，年八岁，曹爽、司马懿掌文武大权，从此曹魏政权与司马氏集团开始了尖锐的斗争。正始九年（公元 248 年），阮籍时年三十九岁，司马懿集团发动高平陵兵变，掌握了政权，这一时期的政治现实极其严酷。从司马懿用政变手段诛杀曹爽而实际控制政权开始，到其子司马师、司马昭相续执政，十多年间，酝酿着一场朝代更替的巨变。一方面，他们大量杀戮异己，造成极为恐怖的政治气氛。"天下名士，少有全者"，许多著名文人死在这一场残酷的权力斗争中。另一方面，司马氏集团为了掩饰自己的行为，并为夺取政权制造舆论，竭力提倡儒家礼法，造成严重的道德虚位现象。

在这样的背景下，知识分子以清醒和理智的思维，面对恐怖和虚伪的现实，其精神痛苦也就显得尤其深刻。此时的文人面对严酷的现实，很自然地展现了建安文学中"忧生之嗟"的一面，集中抒发了个人在外部力量压迫下的悲哀。深刻的理性思考和尖锐的人生悲哀，构成了这个时期文学最基本的特征。

2.作者简介

阮籍（210 年—263 年），字嗣宗，三国时期魏国人，"竹林七贤"之一。曾任步兵校尉，世称阮步兵。崇奉老庄之学，政治上则采取谨慎避祸的态度。

四、领悟诗情

1.师生一起朗读诗歌，要求：认准字形，读准字音；正确断句，读出节奏。

咏怀八十二首（其一）
◎ 阮籍

夜中不能寐，起坐弹鸣琴。

薄帷鉴明月，清风吹我襟。

孤鸿号外野，翔鸟鸣北林。

徘徊将何见，忧思独伤心。

2. 请同学们结合注释，理解诗句内容，有疑问的地方请做好标识。

3. 请同学们用一个字概括全诗流露出的情感。

【明确】全诗突出一个"忧"字。

4. 诗人因何而"忧"呢？

《世说新语》中说"阮籍胸中块垒，故须酒浇之"。阮籍的"胸中块垒"到底是什么呢？从时代背景的介绍中不难看出，在司马氏阴谋篡权的一步步攻势之下，政治环境和生存境况都极端恶劣，阮籍作为一位正直的、有高尚人格的知识分子，处境十分艰难，始终过着一种"终身履薄冰，谁知我心焦"的战战兢兢的生活，他的灵魂始终孤独、寂寞，无所着落。

5. 仔细品味作者是如何表现这种忧思与孤独的？

（1）开头两句写了什么内容？如何理解这两句？

【明确】这两句通过动作描写，写出在一个孤冷凄清的夜晚，诗人在众生入梦之时，却难以入眠，他披衣起坐，弹起了琴弦。（实景）

诗人为何难以入眠呢？联系时代背景，把这夜看成时代之夜，在此漫长的黑夜里，诗人在"众人皆醉"时"独醒"，这伟大的孤独者，弹唱起了具有里程碑意义的诗篇。

（2）"薄帷鉴明月，清风吹我襟"应如何解读？

【明确】"明月"与"清风"这两个意象衬托了诗人的高洁，在黑暗、污浊的政治环境中，他渴望美好、纯净的人生境界。"薄帷"和"吹我襟"却让人感觉冷意透背，阮籍的美好追求在沉重的现实中破灭。在这孤冷凄清的夜晚，诗人只有明月相伴，清风相慰，形影相吊，诗人那高洁而孤独的灵魂跃然纸上。

（3）"孤鸿号外野，翔鸟鸣北林"中"孤鸿"和"翔鸟"这两个意象该如何理解？

【明确】"孤鸿"，给人以失群无依之感；"翔鸟"令人顿生无处栖身之哀。"北林"出自《诗经·秦风·晨风》，后人往往用"北林"一词表示忧伤。如此孤寒的月光，如此凄清的夜风，孤鸿在旷野之中哀鸣，翔鸟在寒冷的夜风之中悲鸣。诗人的处境使他不可能成为自由翱翔的黄鹄，他的耿直个性和高贵品格又使他不屑与栖息下林的燕雀们为伍。因而，他的灵魂始终孤独、寂寞，无所着落。"孤鸿"和"翔鸟"正是作者孤独、忧惧、凄凉心境的外化。

（4）如何理解最后两句？

【明确】"徘徊"表现出诗人内心的犹豫，"独伤心"之"独"表现出诗人不为人知的凄苦，我们很容易从中感受到阮籍自己内心的孤独和忧郁。诗人最后把笔触从客体的自然回归到主观的自我，心里有无限感慨，却又无处诉说，永远得不到慰藉，只能无限地忧思，永恒地悲哀。

可以说，对于人生，阮籍是抱着彻彻底底的绝望态度，所谓"大哀在怀""胸中垒块"，大概是阮籍切切实实的写照吧。

6. 全诗小结

从本诗的解读来看，阮籍"穷途之哭"一事的根源，在于阮籍内心本有欲哭之事，而这种内心的痛苦乃是由于现实人生无路可走的深刻矛盾酝酿所致。"本有济世志"，却不知道人生的路在何方？不知道生命的价值在哪里？无法到达想去的地方，不得不回到厌倦的地方，除了放声大哭，以泪眼问天，还有什么办法？所以阮籍深深感到了生命的孤独，这种孤独的感觉与现实格格不入，并不被常人理解，而他又不得不生活在现实之中，其矛盾心态和复杂人格也就形成了。

阮籍胸中的"块垒"，巨大无比。在他看来，现实是丑恶的，礼法之士是虚伪的，政治是残忍的，名士少有全者，生命是痛苦的，生命中没有属于个体的自由。当这种"块垒"在司马氏集团统治下无法释放时，阮籍没有别的选择，他只能游戏人生。所以，在旷达的外表下，他的内心极为痛苦。

拓展研究

思考：阅读阮籍的《咏怀八十二首》（其七十九），说说这首诗表达了诗人怎样的情感？

咏怀八十二首（其七十九）

◎ 阮籍

林中有奇鸟，自言是凤凰。

清朝饮醴泉，日夕栖山冈。

高鸣彻九州，延颈望八荒。

适逢商风起，羽翼自摧藏。

一去昆仑西，何时复回翔。

但恨处非位，怆恨使心伤。

【明确】诗人用托物言志的手法，以凤凰自喻，通过对凤凰品行高洁、志向远大、才能出众等特点的描写，表达了诗人孤独无奈的苦闷心情和壮志难酬的悲伤情怀。

"林中有奇鸟，自言是凤凰。"

直译：树林有一只奇异的鸟，它自言是凤凰。

赏析：一个"奇"字，点明此鸟所视甚高。这正是阮籍风格。

"清朝饮醴泉，日夕栖山冈。"

醴泉（lǐ quán）：甘甜的泉水。

日夕：近黄昏时；傍晚。

直译：凤凰在清爽的早晨饮用甘甜的泉水，黄昏时栖息在高高的山冈。

赏析：以凤凰的所饮、所栖，传达了凤凰的不凡，亦在表现诗人的高洁品性。

"高鸣彻九州，延颈望八荒。"

九州：中国的别称。

八荒：荒远的地方。

延颈：伸长头颈。

直译：凤凰的鸣啼响彻全国，伸长头颈眺望非常荒远的地方。

赏析：这两句以凤凰的鸣声和行动，表现了凤凰心怀天下的气概，此正是诗人理想的写照。

"适逢商风起，羽翼自摧藏。"

适逢：恰好遇到。

商风：秋风，西风。

摧藏（cuī cáng）：收敛，隐藏。

直译：恰好遇到秋风吹起，凤凰的羽翼自然收藏起来了。

赏析：此两句写凤凰因所处环境恶劣而不能飞翔，亦是诗人不能施展才华的苦闷传达。

"一去昆仑西，何时复回翔。"

去：离开。

直译：凤凰一离开林中飞往昆仑山的西边，什么时候才能再飞回来啊。

赏析：此两句借凤凰的无奈来传达诗人的无奈。

"但恨处非位，怆悢使心伤。"

但：只。

恨：遗憾。

怆悢：悲伤。

直译：只遗憾凤凰处在不应该有的位置，这悲伤让我内心非常伤痛。

赏析：此两句借对凤凰的惋惜以传达诗人对自我人生遭遇的感伤。

课堂总结

　　阮籍把对现实的痛苦体验和理性批判寄诸诗歌，在超现实的境界中寻求精神慰藉，留下一部"志在刺讥而文多隐蔽，百代之下，难以情测"的诗集，他的形象正是那个时代的部分士人的典型代表：个性强烈、真性真情，又不得不压抑自己，欲呐喊而力薄，欲抗争而无奈。他不仅不狂，而且是特殊时代造就的悲怆人物。金代大诗人元好问曾在《论诗三十首》（其五）中这样写道："纵横诗笔见高情，何物能浇块垒乎？老阮不狂谁会得？出门一笑大江横。"一句"老阮不狂"，道出阮籍的心声，真可谓其千年之后的一大知音。

课后作业

　　背诵全诗。

乐极生悲　盛衰无常

——李白《越中览古》

核心问题

　　本课选自人教版选修《中国古代诗歌散文欣赏》第一单元——"以意逆志，知人论世"，这一单元主要学习如何理解中国古典诗歌的内容和主旨，深切感受其中所包孕的意蕴美和情感美。

　　"以意逆志，知人论世"既指向于通过对字义、词义、独特意象的把握解读诗歌，又指向于了解诗人与诗歌中的相关环境与时代，这两点在怀古咏史诗的解读中尤为必要。本课教学旨在引导学生通过解读字义、词义、独特意象，把握怀古咏史诗的基本内容和情感倾向，通过了解诗歌中的历史事件、时代背景以及作者的生平经历，准确解读诗歌的情感内涵。

教学目标

　　1. 了解咏史怀古诗的有关知识及其鉴赏要点，体会本诗蕴含的情感内涵。

　　2. 通过与《苏台览古》的对比鉴赏，总结咏史怀古诗常用表达技巧。

教学重难点

教学重点：了解咏史怀古诗的有关知识及其鉴赏要点，体会本诗蕴含的情感内涵。

教学难点：理解本诗中"忧思"的深刻内涵。

课堂在线

一、导入（由学生回顾诗人导入）

李白，号"青莲居士"，盛唐伟大的浪漫主义诗人，有"诗仙"的美誉，诗风"豪放飘逸"，与杜甫合称"李杜"。

二、知人论世

这首绝句是怀古之作，亦是诗人游览越中，有感于其地在古代历史上所发生过的著名事件而写下的。那么，提到"越"，也就是古越国，同学们有没有想到什么著名的历史故事呢？

对，就是越王勾践卧薪尝胆的故事。在春秋时代，吴越两国争霸南方，成为世仇。从公元前 510 年吴正式兴兵伐越开始，吴越经历了檇李、夫椒之战，十年生聚，十年教训，以及进攻姑苏的反复较量，越王勾践终于在公元前 473 年灭了吴。

蒲松龄在他的一副著名的自勉对联中写道，"苦心人天不负，三千越甲可吞吴"，写的就是勾践励精图治、发奋图强的故事，但是重回权利巅峰的越王报仇雪恨之后，便开始了纸醉金迷的生活，越国很快又淹没在历史尘埃之中。

今天，我们一起学习的这首诗，就是李白路过古越国时，有感而发写下的一首怀古咏史的诗。

三、解题

这是一首怀古之作，亦是诗人游览越中，有感于其地在古代历史上所发生过的著名事件而写下的。越中：指会稽，春秋时代越国曾建都于此。故址在今浙江省绍兴市。览：游览。古：古迹。

1. 关于怀古咏史诗

咏史诗就是以吟咏或评论历史故事或人物为题材，借此抒发情怀、讽刺时事的诗歌。怀古诗则是由作者身临旧地，凭吊古迹而产生联想、想象，引起感慨而抒发情怀抱负。咏史怀古诗往往都会涉及"临古地、思古人、忆古事、抒己情"这四个方面的内容。这类作品内容与思想大都比较沉重，感情基调一般都比较苍劲悲凉。

2. 归纳咏史怀古诗的特征：

（1）标题：有古迹、古人名，"咏怀""怀古""有怀"等字样。

（2）内容：以历史事件、历史人物、历史古迹为题材。

（3）思想情感：

①登高游览，发昔盛今衰、时空流转、世事无常之叹——伤世

《石头城》

刘禹锡

山围故国周遭在，潮打空城寂寞回。

淮水东边旧时月，夜深还过女墙来。

②怀古伤己，抒志士壮志难酬之幽思——伤己

如苏轼的《念奴娇·赤壁怀古》就抒发了词人对昔日英雄人物的无限怀念和敬仰之情以及词人对自己坎坷人生的感慨之情。

③托古讽今、曲意讽谏，起忧愤、讽喻之劝——伤今（伤时）

如辛弃疾《京口北固亭怀古》，告诫韩侂胄要吸取历史教训，不要鲁莽从事，接着用四十三年来抗金形势的变化，表示词人收复中原的决心不变，结尾三句，借廉颇自比，表达出词人报效国家的强烈愿望和对宋室不能尽用人

才的慨叹。

四、体悟情感（以意逆志）

1. 首句概括写了一个历史事件，是哪个历史事件呢？

【明确】吴越争霸。春秋时期，吴、越两国争霸南方，成为世仇。越王勾践被吴王夫差打败，回到国内，卧薪尝胆，励精图治，誓报此仇。公元前473年，终灭吴国。

诗歌不是历史小说，绝句又不同于长篇古诗，所以，诗人只能选取这一历史事件中感受最深的某一部分，极为凝练地概括。因此，李白选取的不是这场斗争的漫长过程中的某一片断，而是吴败越胜后，越王班师回国以后的两个镜头。

2. 作者选取了哪两个镜头？渲染了怎样的气氛？

【明确】**镜头一："战士还家尽锦衣。"**

战士凯旋，大家都得到了赏赐，所以不穿铁甲，而穿锦衣。只"尽锦衣"三字，就将越王及其战士得胜归来的喜悦和骄傲的神情烘托了出来。

教师解说：

在吴越兴亡史中，越王"十年生聚"卧薪尝胆的事件最为著名。诗中却没有去追述这个为人热衷的题材，而是换了一个角度，以"归"统领全诗，来写灭吴后班师回朝的越王及其将士。接下一句是对回师的欢悦气氛的描绘。诗中只抓住一点，写了战士锦衣还故乡，可留给人们想象的却是一个浩大、热闹非凡的场面。旌旗如林，锣鼓喧天，勾践置酒于文台之上，大宴群臣，满脸得意而又显赫的光辉。脱去铠甲，穿着锦衣的战士受到了赏赐，二十年的耻辱，终于一朝洗净，胜利的欢欣与胜利的沉醉同时流露出来。一个"尽"字，便暗示了越王以后的生活图景。

镜头二："宫女如花满春殿"

越王回宫，不但耀武扬威，而且荒淫逸乐起来，于是，花朵儿一样的美人，就站在了宫殿，拥簇着他，侍候着他。

教师解说：

果然，王宫里开始回荡起歌功颂德的乐曲，伴以柔曼的舞姿，越王左右，美女如云，缤纷络绎，荣华富贵尽在眼前。

3. 前三句极写得胜之盛，与第四句是什么关系？从第四句中，你读出了诗人怎样的感慨？悟出了怎样的道理？

【明确】前三句渲染当时的热闹繁华，第四句写出今日此地的凄凉冷落，"鹧鸪飞"三字饱含无限的惋惜和感慨，与前三句形成鲜明对比。抒发了诗人"昔盛今衰"的感慨。

鹧鸪：形态美丽，叫声哀婉动人，被赋予了多样的意义。寄寓离愁，抒发悲愤，表达乡思、忧国伤时之思等。

《菩萨蛮·书江西造口壁》

◎ 辛弃疾

郁孤台下清江水，中间多少行人泪？西北望长安，可怜无数山。

青山遮不住，毕竟东流去。江晚正愁余，山深闻鹧鸪。

【教师解说】

诗篇通过具体的景物，将昔时的繁盛和今日的凄凉作了鲜明的对比，使读者感受特别深切。一般地说，直接描写某种环境，难于突出作者的心境，而通过对比，其效果往往能够大大得到加强。所以，通过热闹的场面来描写凄凉之景，就更觉凄凉之可叹。如此，诗前面所写过去的繁华与后面所写现在的冷落，对照极为强烈，前面写得愈着力，后面的变化也就愈有力，强烈地抒发了诗人"昔盛今衰"的感慨。为了充分地表达主题思想，诗人对这篇诗的艺术结构也做出了不同于一般七绝的安排。一般的七绝，转折点都安排在第三句里，而它的前三句却一气直下，直到第四句才突然发生转折，就显得格外有力量，有神采。

通过这首诗，我们可以发现诗人的历史思考：忘却昔日的屈辱和苦难，陶醉于暂时的胜利和光荣，其结果只能使胜利化为乌有，我们要以史为鉴。

　　4. 梳理全诗内容

诵读并理解内容
越中览古

昔盛
- 越王勾践破吴归，——述历史事件：勾践破吴归。（带着胜利的喜悦）
- 战士还家尽锦衣。——第二句描述越军胜利者姿态（骄傲）
- 宫女如花满春殿，——第三句写王宫繁华欢乐的景象（荣华）

对比

今衰
- 只今惟有鹧鸪飞。——第四句写眼前凄凉景象。（凄凉）

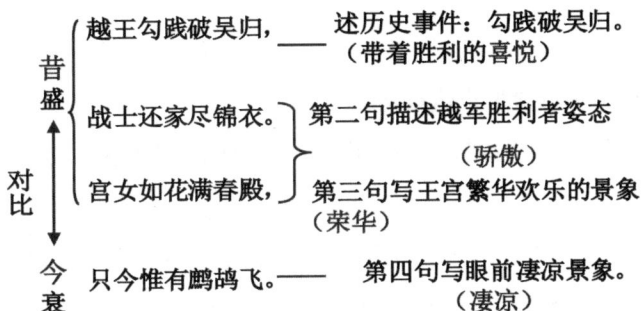

人事变化，盛衰无常

拓展研究

　　思考：李白南游吴越时，除了《越中览古》，还写过一首《苏台览古》，试着比较两诗在主旨、写法上的异同。

苏台览古
◎ 李白

旧苑荒台杨柳新，菱歌清唱不胜春。

只今惟有西江月，曾照吴王宫里人。

　　同：此两诗都是览古之作，主题相同，题材近似，都用了对比手法。

　　异：《越中览古》，着重在明写昔日之繁华，以四分之三的篇幅竭力渲染，而以结句写今日之荒凉引出主意。《苏台览古》则着重写今日之荒凉，以暗示昔日之繁华，以今古常新的自然景物来衬托变幻无常的人事，写出今昔盛衰之感。所以两首诗的表现手段又不同，也可以看出诗人变化多端的艺术技巧。

课堂拓展

补充咏史怀古诗常用表达技巧：

1. 对比。通过昔日的繁盛与今日的凄凉对比，从而突出今日的凄凉。如李白的《越中览古》。

2. 融情入景。诗人善于将感情融入景物描写中，不着痕迹。如杜甫的《蜀相》颔联"映阶碧草自春色，隔叶黄鹂空好音"，写走进武侯祠的所见所闻，"自"即"自己"，"空"即"徒然"。

3. 拟人。以物作证，这些物都具有永恒时空意义，如月亮或长江，它们已被人化成为见证历史盛衰变迁的见证者。如刘禹锡的《石头城》中的"山围故国周遭在，潮打空城寂寞回。淮水东边旧时月，夜深还过女墙来"。这个"旧时月"正是作为石头城六朝盛衰的历史变化的见证人。

4. 衬托。指诗人从侧面着意描写，作为陪衬，使所要表现的事物更加鲜明突出。如苏轼的《念奴娇·赤壁怀古》中的景物描写，"乱石穿空，惊涛拍岸，卷起千堆雪"，以壮阔之景为周瑜的出场做了铺垫，也从侧面衬托了周瑜的英雄伟业和豪迈气概。

5. 用典。使用典故，能用少量文字传递丰富思想，增强诗歌表现力。如辛弃疾的《永遇乐·京口北固亭怀古》，一连用了孙权、刘裕、刘义隆、佛狸祠、廉颇的典故，也是运用了借古讽今的手法，用历史事实来说明现实问题。对孙、刘的赞扬，就是对南宋统治者的指责；对刘义隆的讽刺，就是对韩侂胄没有准备急于收复中原的警告；对"佛狸祠下"的感叹，就是对统治者不思收复中原的不满。最后以廉颇自比，则是内心的独白。这首怀古之作充分表现了作者的爱国热忱。

6.虚实结合。古诗常采用虚实结合的手法，使形象更加鲜明突出，结构更紧凑。如姜夔的《扬州慢》："杜郎俊赏，算而今，重到须惊。纵豆蔻词工，青楼梦好，难赋深情。"想象当年在繁华富庶的扬州写下了名噪一时的佳句的杜牧，如今要是再来，面对荒凉破败的扬州城，恐怕再也做不成"扬州梦"，写不出"豆蔻词"了。含蓄地抒发了自己的抚今追昔之情。

课后作业

阅读下面两首唐诗，然后回答问题。

华清宫

◎ 吴融

四郊飞雪暗云端，唯此宫中落旋干。

绿树碧檐相掩映，无人知道外边寒。

过华清宫

◎ 李约

君王游乐万机轻，一曲霓裳四海兵。

玉辇升天人已尽，故宫犹有树长生。

（1）这两首诗描写了不同时期的华清宫，请指出二者主要运用了哪种相同的表现手法，并作简要说明。

（2）这两首诗各表达了作者什么样的思想感情？

时逝业未成　生命自悲凄

——陶渊明《杂诗十二首》（其二）

创意说明

　　《杂诗十二首》（其二）是人教版普通高中课程标准实验教材高二语文选修教材《中国古代诗歌散文欣赏》第一单元推荐作品的篇目。"以意逆志，知人论世"是本单元要求学生掌握的诗歌鉴赏方法。希望学生能够通过理解诗歌意象，梳理作品脉络，把握作品的内容和主旨。同时，在欣赏和吟咏古人的诗歌作品时，能够深入地探究作者的生平和为人，全面了解作者所生活的环境和时代，与作者达成心灵的共鸣。

教学目标

　　1. 梳理诗意，品析诗人写作缘由，探究诗人的情感归因。
　　2. 掌握"知人论世，以意逆志"的鉴赏方法，结合陶渊明生平，感受诗中诗人对时光流逝、壮志难酬的情怀。

教学重难点

　　教学重点：梳理诗意，品析诗人写作缘由，理解诗中抒发的时光流逝、壮志难酬的悲寂之情。

教学难点：掌握"知人论世，以意逆志"的诗歌鉴赏方法，能够运用该方法对诗歌进行赏析。

课堂在线

一、温故知新

有这样一位诗人，他喜爱"山气日夕佳，飞鸟相与还"的山间田园，忙碌时，"晨兴理荒秽，带月荷锄归"；闲暇时，"引壶觞以自酌，眄庭柯以怡颜"；时不时还要"登东皋以舒啸，临清流而赋诗"。他就是陶渊明。应该说，陶渊明用他的诗，穿越千年，为古往今来无数人勾勒了一幅幅心中的"桃花源"。正是因为他诗歌有这样巨大的艺术魅力，所以，他被人们称为"古今隐逸诗人之宗"。每每谈到他的时候，这些词的出现频率都很高，如"安贫乐道""独立率真""质朴淳厚"等。相信每一个同学心中都有一位自己理解的陶渊明。但是今天，我们要来赏读的这首诗，会让我们看到一个特别的陶渊明。

二、知人论世

陶渊明（约365—427年），名潜，字元亮，别号"五柳先生"，卒后私谥"靖节"，世称"靖节先生"。浔阳柴桑（今江西省九江市）人，东晋末到刘宋初杰出的诗人、辞赋家、散文家。

陶渊明作品的语言平淡，但他把深厚的感情和丰富的思想用朴素、平易的语言表达出来。表意易懂，其内涵还需细细品味，但又富有情致和趣味。他善于以白描及写意手法勾勒景物、点染环境，意境浑融高远，又富含理趣。语言精工本色，朴素真率，笔调疏淡，风韵深厚。但陶诗并非只有飘逸悠然、自然冲淡一种风格，也有慷慨豪放，如《咏荆轲》《读山海经》的"精卫衔微木"等。陶诗还善于将兴寄和自然美融为一体。他笔下的景物既是有象征意义的意中之景，又是生活中的实有之景。如《拟古》其七"日暮天无云"中所写"云间月""叶中华"，便既是月夜春景，又是对人生最美好酣畅的短暂时光的比喻。陶渊明笔下的景物往往被人格化，如青松、芳菊、归鸟、孤云，都是日常生活中常见的景物，也是诗人高洁性格的象征。

《杂诗十二首》是文学家陶渊明的一个组诗作品，我们今天看到的这首诗就是其中的第二首，其创作时间大约是在陶渊明归隐田园十年以后。古代很多诗歌标题中都会出现"杂诗""杂感"这样的字眼，而且这一类诗歌其中有很多都是组诗，所谓杂感，其实就是零星的感想，杂感类诗歌吟咏抒发的就是诗人的怀抱情志，表现的主要是诗人对于自己人生的思考和对于现实世界的体悟。例如在《杂诗十二首》中，前八首多慨叹时光消逝，咏年老家贫，壮志难酬，力图自勉。后四首则多叹息旅途、行役之苦。"盛年不重来，一日难再晨。及时当勉励，岁月不待人。"这四句诗就是出自《杂诗十二首》中的第一首诗。珍惜光阴、奋发作为，陶渊明的诗歌，往往能揭示出一种深刻的人生体验，这种体验，就是对生命本身的深刻省察。

三、诵读理解

学生活动一：朗读诗歌，要求认准字形，读准字音；正确断句，读出节奏。

学生活动二：结合注释，理解诗句内容，在有疑问的地方做好标识。

"白日沦西河"的"沦"字，在这里是落下的意思，现代汉语中的沦落、沦陷、沉沦中的这些"沦"字都是这个意思。"素月出东岭"，"素月"就是白色的月亮，太阳从西山落下，白月从东岭升起。这两个句子中有一个介词的省略，我们在译诗的时候要能够把它补充出来。"荡荡空中景"，这个"景"字是一个通假字，通"影子"的"影"，此处可以理解为月光。"气变悟时易，不眠知夕永"，"时易"和"夕永"，这两个词，诗下有注释："季节变换，夜晚漫长。"气候变化了，因此领悟到季节也变了，睡不着觉，才了解到夜是如此漫长。"欲言无予和，挥杯劝孤影"，"欲言无予和"是一个宾语前置的表达，

"无"是否定词，"予"是第一人称代词：我。"无予和"，即没有人应和我，只好一个人举杯和自己的影子对酌。在陶渊明逝世300年之后出现的"诗仙"李白，就在他的《月下独酌》中挥笔写道："举杯邀明月，对影成三人。"此情此景，应该就是两位大诗人跨越时空的呼应吧！"日月掷人去，有志不获骋"，这里的"骋"，本意是驰骋，在这里，我们可以理解为大展宏图。"时光飞快流逝，我空有壮志却不能得到施展，这件事我满怀悲凄，心情整晚都无法平静。"

四、赏析诗歌

学生活动三：诗歌的前六句选用了哪些重要意象？营造出了怎样的意境？

【明确】"白日沦西河，素月出东岭。遥遥万里晖，荡荡空中景"：诗人借助了"白日"和"素月"两个重要意象，给我们展现了一幅无限扩大光明之境界。日落月出，昼去夜来，清辉洒遍万里。荡荡辉影，光明澄澈。再看"风来入房户，夜中枕席冷"两句：诗人借助"寒风""房屋""枕席"三个意象，由前四句的远景转向对近景的描绘——在万里清辉的迷人光影之中，作者将笔触渐渐收回到他所在的茅屋，我们似乎感受到寒冷的夜风吹过门户和窗棂，使他床头的枕席变得益发清冷。

至此，诗歌的前六句描绘了这样的画面：太阳从西山沉落，清冷的月亮升到空中，寒冷的夜风吹入房内，枕席分外冰冷。空阔冷清的空明之境中充满了凄凉、悲愁的氛围。

学生活动四：日落西山，月出东岭，时间的脚步就是如此匆忙，浩荡的夜空，更使人驰想宇宙的浩瀚无垠。季节的变换，夜晚的漫长，更是让诗人彻夜难眠，诗人写道："念此怀悲凄。"请同学们赏析诗歌的后六句，在文本中找出诗人"悲凄"的原因。

【明确】

第一点，时光流逝的无奈。一个"掷"字，写出了日月飞逝，岁月从来不会因为人的挽留而停下脚步，步入暮年的诗人，也就愈发地能感受到衰老的无奈和悲伤。

第二点，壮志难酬的悲哀。其实诗人本是怀有远大抱负的，他自幼修习儒家经典，少年时就有兼济天下的志向。但是频繁的战乱，黑暗的官场，使这位志高行洁的诗人理想破灭了，只能被迫归耕园田，独善其身。在山间田园去寻找心灵的宁静。可是他的济世之志从未泯灭，它像一股暗流在诗人心底涌动着，撞击着。在这样一个晚上，无边的月色，高远的长空，又把它从诗人心底牵引出来。想起少年时的远大志向，中年的官场磨难，直到行将老矣的现在，怎能不让诗人感慨呢！然而，"欲言无予和，挥杯劝孤影"，漫漫长夜里，我们只听得到诗人独自叹息的声音。

第三点，就是世无知音的寂寞。这并不仅仅是夜深无人语，我们从屈原的"举世皆浊我独清，众人皆醉我独醒"，从阮籍的"夜中不能寐，起坐弹鸣琴"，至后来李白的"花间一壶酒，独酌无相亲"等诗句中，都不难找到共鸣。就像叶嘉莹先生所说，一个真正的诗人，他的所思、所感必有常人不能尽者，而他们的理想又极其高远，他们对于这种高远的志向怀着热切追求的渴望。而另一方面，丑陋罪恶的现实又让他们怀有不满的悲哀，他们不愿随波逐流，因而都难容于世。所以，真正的诗人都有一种极深的寂寞感，这是一种不可解脱、刻骨铭心的痛苦。

方法小结

在诗歌鉴赏的过程中，有些诗歌比较特别，其内容、主旨和情感都与我们熟知的诗歌有较大差异。因此，鉴赏时一定不能有惯性思维，必须以诗歌的文本为基准，由表及里、由浅入深地去探究诗人的意图，从而赏析作品。这种方法就是我们常讲的"以意逆志"。

学生活动五：现在，请大家回顾我们刚刚鉴赏诗歌的过程，总结一下，"以意逆志"需要从哪些方向入手？我们该如何"以意逆志"？

【明确】真正读懂一首诗，需要步步深入。首先，就要抓住诗中重点字词，读懂文辞；其次，要能够抓住主要意象，感受诗人给我们营造的意境；最后，我们还要能够去捕捉到诗歌中那些或隐或显的抒情词句，从而去体悟诗人的情感。当然，我们也不能孤立地理解文本，结合前面讲过的"知人论世"，只有把诗歌放到诗人所处的时代和环境，联系他们的生平和经历，我们才能更好地赏析诗歌，在这些伟大的作品中找到心灵的共鸣。

课堂总结

通过对《杂诗十二首》（其二）的学习，我们对陶渊明又有了更深入地了解，正如鲁迅先生所说，陶潜正因为并非浑身是"静穆"，所以他伟大。

课后作业

结合陶渊明的经历和作品，写一篇 500 字左右的短文，谈谈自己对陶渊明人生选择的看法。

板书设计

时逝业未成　生命自悲凄
——陶渊明《杂诗十二首》（其二）

时光流逝的无奈（日月掷人）

有志难酬的悲哀（志不获骋）

世无知音的寂寞（欲言无予和）

缘景觅境探幽情

——孟浩然《夜归鹿门歌》赏读

创意说明

《夜归鹿门歌》是《中国古代诗歌散文欣赏》第二单元的"置身诗境，缘景明情"自主赏析篇目，其作者是山水田园派的代表人物孟浩然。诗中所写快的空间从日落黄昏到月悬夜空，从汉江舟行到鹿门山途其实质上是从喧嚣世俗到寂寥山中的隐逸道路。该诗再现了诗人归隐的心路历程，从而塑造出一个超脱的隐士形象。

教学目标

1.通过分析意象与意境之间的关系，掌握诗歌情景相融的特点。

2.掌握"置身诗境，缘景明情"的诗歌鉴赏方法，感受诗人洒脱的胸怀以及隐逸的情怀志趣。

教学重难点

教学重点：置身诗境，通过分析意象与意境之间的关系，掌握诗歌情景相融的特点。

缘景明情，通过对诗境的赏析，感受诗人洒脱的胸怀以及隐逸的情怀志趣。

教学难点：掌握"置身诗境，缘景明情"的诗歌鉴赏方法，能够运用该方法对诗歌进行赏析。

课堂在线

一、新课导入

推开唐代诗歌的大门内有这样一位诗人，李白是如此描述他的："吾爱孟夫子，风流天下闻。红颜弃轩冕，白首卧松云"，后人对他还有这样的一组描述："骨貌淑清，风神散朗"，这位诗人就是孟浩然。他一生未仕，布衣终老，是一位流连于山水田园之间的诗人。

二、知人论世

孟浩然，名浩，字浩然，襄州襄阳人，襄州就是现在的湖北襄阳。他生于盛唐，是唐代著名的山水田园派诗人，因为他的籍贯是襄阳，因此世称"孟襄阳"。他早年有志入仕，在仕途困顿、痛苦失望后，不媚俗世，修道归隐。曾经隐居于鹿门山，因而又称之为"孟山人"。他的诗在艺术上有着独特的造诣，后人把孟浩然与盛唐另一位山水诗人王维合称为"王孟"。

孟浩然一生的经历比较简单，其诗歌创作的题材也比较单一。孟诗绝大部分为五言诗歌，多写山水田园和隐居的逸兴以及羁旅行役的心情。其中虽不无愤世嫉俗之词，但是更多的是诗人的自我表现。孟诗不事雕饰，伫兴造思，富有超妙自得之趣，而不流于寒俭枯瘠。他善于发掘自然和生活之美，即景会心，写出一时真切的感受。如《秋登万山寄张五》《夏日南亭怀辛大》《过故人庄》《春晓》《宿建德江》等诗作，自然浑成，而意境清迥，韵致流溢。

据《襄阳记》载："鹿门山旧名苏岭山。建武中，襄阳侯习郁立神祠于山，刻二石鹿夹神庙道口，俗因谓之鹿门庙，后以庙名为山名，并为地名也。"孟浩然早先一直隐居在岘山南园的家里，四十岁赴长安，谋仕不遇，游历吴、越数年后返乡，决心追步乡先贤庞德公的行迹，特为在鹿门山辟一住处。此诗当作于作者四十岁后隐居鹿门时，故题为"夜归鹿门山"。

三、诵读理解

学生活动：朗读诗歌，要求认准字形，读准字音；正确断句，读出节奏。

通过朗读，诗中诗人的志趣与情思初步在我们心中呈现。我们读诗的时候要学会身临其境，把周围的事物忘却，沉浸其中。只有置身其中，才能唤起情感的共鸣，如果借助联想与想象，脑海中就会再现诗歌的画面，这就是本册书第二单元中即将学习到的诗歌赏析方法——"置身诗境，缘景明情"。

中国古典诗歌中，不少作品都具有诗情画意，意境优美的特点。我们在鉴赏这些作品的时候，就要能够反复诵读，置身诗境，抓住诗歌中所描写的"景物"，展开想象，从而去赏析诗歌。同时，这些景物的叠加会形成一幅图景，一个场面，我们称之为意境。分析这些意境的特点，当情景交融之时，便是作者情感交汇之处。由景到境再到情，加上我们自己的生活体验和阅读感受，在欣赏这样的作品时，我们就可获得更高层次的审美享受。

四、赏析诗境

学生赏析一："夜归鹿门"是一个叙事性短语，关键词是其中的"归"字。"归"是带有过程性的一个字，现在就请同学们结合诗歌内容思考，本诗是按照怎样的顺序来写"归途"的呢？

【明确】要解决这个问题，我们要关注到诗歌中能够体现顺序的一些词语。"山寺钟鸣昼已昏"，"昼已昏"三个字就告诉了我们此时白昼已尽，黄昏降临，而到了"鹿门月照开烟树"一句，已是山月已出，清光朗照。再看所处环境的变化，从"渔梁渡头"到鹿门山，再到庞公的栖隐之处。时空的变化，让我们看到了不同的场景。整首诗按照时空顺序，从日落黄昏到月悬夜空，从汉江舟行到鹿门山途，颇像一则随笔素描的山水小记。

学生赏析二：诗人在诗歌中描绘了哪两幅场景？它们各自有着怎样的特点？

【明确】白昼已尽，黄昏降临，幽僻的古寺传来了报时的钟声和渔梁渡口人们急于归家时抢渡的喧闹。诗歌的前四句给我们描绘了一幅黄昏江景图。再看后面，朦胧的月光下，鹿门山的树木烟云缭绕，不觉中已到了庞德公隐居旧地，在这条松林小路上，只有作者独自来去。诗歌的后四句又是一幅独具魅力的月夜山景图。

第一幅图景——黄昏江景图。白昼已尽，黄昏降临，山寺绵邈的晚钟响起。这里对钟声的描写，采用了以动衬静的手法，写出钟声的悠然和山寺的清寂。而另一边，渔梁渡头争渡喧，渔梁是洲名，一个"争"字，向我们凸显了黄昏时人们抢渡回家时的喧闹。这一静一动形成鲜明的对比。孟浩然这两句诗后来成为中国诗画的一个常见意象，宋元画家就画有《渔梁渡头争渡喧》的绘画，明代张羽还写过"渔梁夜争渡，知是醉巫归"这样的句子。可见这两句诗看似平常之景，却描摹得非常巧妙。除从听觉落笔以外，诗人还从远处山寺的钟声和近处渔梁渡头的人声入手，进行远和近，静和动的对比，让整个画面具有一种层次美。那么，此时，我们的诗人在干什么呢？诗人正在用他的眼睛和心，在望、在看、在想、在选择，由山寺钟鸣、渔梁渡头自然而然地过渡到了下两句的内容。

"人随沙岸向江村，余亦乘舟归鹿门。"不妨身临其境地想象一下：人们都随着沙岸走向江村，而诗人也乘着一叶小舟回到鹿门山。同是乘舟，却是殊途。对于人们来说，江村是他们休养生息的处所，而对"我"而言，鹿门山才是"我"的家。除了"归"字，"亦"字也值得我们关注。一个"亦"字，可以看出，诗人已经把隐居的鹿门山看成自己真正的归宿。明代散文家钟惺就说，这一句诗"一转有力"，诗人由前两句闲适怡然地观望，到此选择特立独行地归去。

作者归隐的鹿门山究竟是什么样子的呢？我们走进第二幅图景：月夜山景图。"鹿门月照开烟树，忽到庞公栖隐处。岩扉松径长寂寥，惟有幽人自来去。"这四句中，作者选用的一些典型意象，月光、烟树、岩扉、松径，都是我们常见的山水诗意象，比如王维在《山居秋暝》中也写道："明月松间照，清泉石上流。"皓月当空，清幽寂静，山月清光朗照，树影由朦胧迷离变得清晰。这个"开"字，把月下烟树由朦胧到清晰的动态过程凸显出来。表面是写眼前之景，月照高林，树木渐朗，其实又何尝不是诗人心境渐渐开阔呢？脱离尘世喧嚣，归隐鹿门幽境，豁然开朗的心境也就赫然而出。"忽到庞公栖隐处"，结合书下的注释我们知道，这里的庞公就是庞德公，东汉末年的隐士。庞公曾称诸葛亮为"卧龙"，称庞统为"凤雏"，司马徽为"水镜"，对诸葛亮、庞统等人都有着较大的影响，并得到了诸葛亮的敬重。荆州刘表想拜他为太守，庞德公推辞不就，带着妻子登鹿门山，采药不返，他是当时归隐之士中比较有代表性的一个人物。月色从天空中散落下来，铺展在地上，亦洒在诗人的心头，静静地、悄悄地，没有一丝嘈杂的声音，诗人独自漫步在这样的美景中，享受着月光的洗礼，聆听着大自然的声音。不知不觉地来到了庞公归隐的地方。一个"忽"字，写出了诗人为大自然所感化的沉醉，也写出了与先隐之所相遇的欣喜。

"岩扉松径长寂寥，惟有幽人自来去。"山岩之内，柴扉半掩，松径之下，自辟小径。鹿门没有尘世干扰，唯有以禽鸟山林为伴，岩扉和松径，让我们感受到了作者的轻松自在，但是庞公归鹿门山是拒仕而隐，而"我"归鹿门实是无奈之举，"寂寥"二字又寄托了诗人的孤单、冷清之情。再看后半句，"幽人"也就是隐居者，不仅指庞公，也指诗人自己。诗人出仕无门，与山林为伴，孤身一人的归隐生活虽然清闲自在，但未免孤单冷清，"惟"就写出了诗人孑然一身的冷清与孤寂。

学生赏析三：对比诗人描写这两幅图景时不同的侧重点，看看我们可以从中读出诗人有怎样的志趣。

【明确】诗歌的前四句描绘黄昏江景，虽然也描写了山中的钟声，但是侧重点还是放在世俗生活场景上面，而后四句则是对诗人隐居的鹿门进行了比较细致的描写。前四句黄昏江景图，这个场景里面包含了两幅图画，一幅是清寂僻静的远山寺庙，一幅则是热闹喧嚣的江边争渡，在这一静一动的对比中，诗人做出了自己的选择，其超脱潇洒的形象就被勾勒出来了。月夜山景，在鹿门，诗人似乎与大自然融合在一起，内心宁静、悠然。但同时诗人又感到有些孤单冷清，寂寥又自在，这一对看似有点矛盾的情感在诗歌中达到了和谐的统一。夜归鹿门，其实是诗人从尘世生活到一人隐居，超脱潇洒又寂寥自在的隐士形象，正是他恬然洒脱的隐逸志趣的最好呈现。

方法小结

"缘景明情"，要求能够根据意象特点、组合方式、情景关系来进行诗歌鉴赏。因此，第一点就是绘景，要求我们能够提取诗中意象，呈现诗中所绘之景。第二点就是析境，能够分析诗中意境的特点，在这一点上，建议大家平时多积累一些概括意境的形容词，有了这些词语的支撑，我们的表达也会变得更加贴切。第三点就是摹形，要透过诗歌描摹诗中的人物形象，这个形象可以是诗人，也可以是诗中塑造的其他人物形象。最后，就是能够综合前面的分析，结合一定的背景，利用我们的生活体验和阅读感受，最终推求出诗中作者所蕴含的感情。

课堂总结

孟浩然笔下的山水是最常见的山水，他的田园是在襄阳的质朴田园，这些淡远闲静和远山清月的适合隐士抒情写怀之景都收入了他的笔下，后人评价他的诗歌幽秀至此，真是诗中精灵。与其说孟浩然是一名诗人，不如说他是诗一样的人。希望我们这节课的声情吟赏，能让大家享受到一份属于诗的平静和幸福。

课后作业

运用"缘景明情"的鉴赏方法，赏析王维诗歌《归嵩山作》，说说两首诗的诗境的异同。

归嵩山作

◎ 王维

清川带长薄，车马去闲闲。流水如有意，暮禽相与还。

荒城临古渡，落日满秋山。迢递嵩高下，归来且闭关。

【明确】《归嵩山作》写的是王维辞官归隐途中所见的景色和心情，景中有情，情景交融。随着作者把归山途中的景色有层次的一一道来，诗人的感情也在一步步变化：出发时为安详从容，途中一度变得凄清悲苦，最后归于恬静淡泊。可见，诗人对归隐是积极向往的，感到闲适自得的。

《夜归鹿门歌》与《归嵩山作》在诗境上的共同之处是：人与自然在精神上高度契合，景物和感受诗意地结合在一起，全诗是浑融完整的整体，恬淡、优美。不同之处：孟诗多用白描，着墨轻淡，比王诗更显淳朴；王诗"诗中有画"，有丰富的色泽和光彩。明人李东阳说："王诗丰缛而不华靡，孟却专心古淡，而悠远深厚，自无寒俭枯瘠之病。"（《麓堂诗话》）这个评价同样适合于这两首诗。

☺ 板书设计

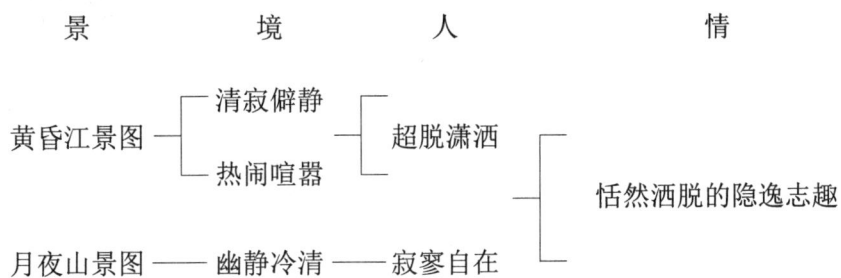

景　　　　　境　　　　人　　　　　　情

黄昏江景图 ┬ 清寂僻静 ┐
　　　　　　　　　　　├ 超脱潇洒 ┐
　　　　　　└ 热闹喧嚣 ┘　　　　　　├ 恬然洒脱的隐逸志趣
　　　　　　　　　　　　　　　　　　　　│
月夜山景图 ── 幽静冷清 ── 寂寥自在 ┘

一生漂泊一世忧

——《登岳阳楼》

核心问题

　　本课选自人教版选修《中国古代诗歌散文欣赏》第二单元——"置身诗境，缘景明情"，这个单元主要学习如何通过对古典诗歌中意象的把握，发挥想象，体会和品味中国古典诗歌特有的意境美。我们在赏析意境优美、具有诗情画意的古典诗歌时，要反复诵读，置身诗境，借助想象，将作者所描绘的意象和画面印入脑海，使心灵沉浸，从而获得美的享受。

　　在具体赏析某一首诗作时，还要教会学生根据作品中意象的自身特点、组合方式，以及情景之间的关系，采取相应的欣赏方法，体会独特的意境，从而领悟作者的情思。

教学目标

　　1.通过知人论世、反复吟诵、炼字炼句、置身诗境、缘景明情等方法，让学生掌握阅读技巧，提高诗歌鉴赏能力。

　　2.置身诗境，品味诗歌的意境美，体会情景交融的艺术特色。

　　3.缘景明情，品味雄伟壮阔的艺术境界和诗人孤苦的境遇。

教学重难点

教学重点：缘景明情，品味雄伟壮阔的艺术境界和诗人孤苦的境遇。理解和体会杜甫的博大胸襟和忧国忧民的伟大情怀。

教学难点：让学生掌握"置身诗境，缘景明情"的鉴赏方法，并能在其他作品中迁移应用。

课堂在线

一、导入新课

在生命最后的几年里，贫病中的杜甫登楼写了两首诗，一首是被誉为"七律之冠"的《登高》，一首是被称"气压百代"的《登岳阳楼》。

公元 765 年，原本寄居在蜀中的杜甫离开了成都，开始了最后一次漂泊。公元 766 年，他到达了夔州，此时他的身体大不如前，便在夔州安顿了下来。在夔州，他登上了白帝城外的楼台，写下了《登高》，这首诗成为了"七律之冠"。"万里悲秋常作客，百年多病独登台。艰难苦恨繁霜鬓，潦倒新停浊酒杯。"这些诗句写尽了杜甫晚年漂泊流亡的凄苦。

写完《登高》后，杜甫继续沿江而下，来到了洞庭湖边的岳阳楼，写下了《登岳阳楼》，这一年是他逝世的前两年，他的身体每况愈下，这时的他会有怎样的感慨呢？我们一起走进杜甫的《登岳阳楼》！

二、知人论世

1. 作者简介：

杜甫（712 年－770 年），字子美，自号"少陵野老"，世称"杜少陵"，又称"杜工部"，祖籍襄州襄阳（今湖北襄阳）。唐朝伟大的现实主义诗人，世界文化名人。他忧国忧民，人格高尚，被后世尊称为"诗圣"。他有约1500首诗歌被保留了下来，其诗风沉郁顿挫，诗艺精湛，影响深远，被称为"诗史"。

2. 创作背景

杜甫素有"致君尧舜上，再使风俗淳"的政治理想，但在唐由盛转衰的特殊时期，他却只能在漂泊困顿中度过了自己的大部分人生。

大历三年（768）冬，杜甫从公安（今湖北公安）到达岳阳，到达之时正是深冬。此诗为诗人晚年作品，（769）诗人时年已五十七岁。当时，诗人处境艰难，凄苦不堪，年老体衰，贫病交加，再加上北归无望，全家人寄居在一只小船上，沿着洞庭湖向南漂泊。此诗正是诗人登岳阳楼而望故乡，触景感怀之作。

那此时的杜甫到底会有怎样的心绪呢？让我们走进文本去感悟吧。

三、体悟诗情（置身诗境、缘景明情）

1. 诵读理解

请同学们诵读全诗，结合注释，理解诗句内容，在有疑问的地方做好标识，并尝试背诵。

2. 置身诗境

这个单元要求我们用"置身诗境，缘景明情"的方法来鉴赏诗歌。置身诗境，就要抓住诗歌中所描写的"景物（意象）"，展开想象，从而去赏析诗歌；这些景物（意象）的叠加会形成一幅图景，一个场面，这就是意境。分析意境的特点，当情景交融时，作者的情感便显露出来。这样我们就能较为准确地把握诗歌的主旨情感，并获得更高层次的审美享受。

思考：有的诗歌意象常见，且通篇基调一致，这样的意象所构成的意境和表达的情感相对容易把握，可是杜甫的《登岳阳楼》，用到的是比较少见的意象，而且这些意象之间，具有较大的跳跃性，那这些意象具体是什么呢？这些意象分别带给你怎样的感受？营造了怎样的意境？

【明确】首联有洞庭水、岳阳楼两个意象；颔联有吴楚、乾坤日月两个意象；而颈联的意象则是孤舟。这些意象带给了你怎样的感受呢？八百里洞庭浩荡无边，波澜壮阔，给人以辽阔雄伟之感；吴楚大地，乾坤日月又给人开阔博大之感；而孤舟则让人觉得漂泊无依。这壮阔之景和孤单之景组合在一起，便营造出一种沉雄悲壮、博大深远的意境来。

3. 缘景明情

这些意象组合在一起，蕴含了诗人怎样的思想情感呢？下面我们来细品全诗，解决这一问题。

（1）阅读首联"昔闻洞庭水，今上岳阳楼"，你能感受到诗人怎样的心境？这种心境是怎样表现出来的呢？

【明确】"今、昔"二字的对比不仅写尽了老杜的沧桑，更是道尽了老杜的酸苦。昔时风华正茂，今日垂垂老矣；昔时国运昌盛，今朝国破家亡。昔时的杜甫是一个怎样的人呢？他曾经在《壮游》中写过"放荡齐赵间，裘马颇清狂"，也曾有"会当凌绝顶，一览众山小"的豪迈之气，还曾有"致君尧舜上，再使风俗淳"的理想抱负。这是他个人的情况，那么昔时的国家呢？《忆昔》里写道："忆昔开元全盛日，小邑犹藏万家室。稻米流脂粟米白，公私仓廪俱丰实。"

这样来看，首联表面看有初登岳阳楼之喜悦，其实此时的诗人，经历了岁月的沧桑，面对山河破碎的国家，自己壮志未酬，国家前途渺茫，可谓百感交集。

诗人在此联中，通过今昔对照，营造虚实交错的景象。用"昔闻"为"今上"蓄势，既含蓄表达了诗人的沧桑与酸苦，也为描写洞庭湖酝酿气氛。

（2）颔联就写登上岳阳楼后诗人所见之景，杜甫看到了怎样的景象？这两句中"坼""浮"这两个字表现力最强，你能说说这两个字的妙处吗？

【明确】登上岳阳楼，诗人看到了广阔无边的洞庭湖水，划分吴国和楚国的疆界，日月星辰都像是漂浮在湖水中一般。颔联的10个字逼真地描画了洞庭湖水势浩瀚、无边无际的巨大形象。

此联中"坼"是裂开的意思，这里引申为划分。"坼"字用得极为有力，仿佛洞庭的万顷波涛、千层巨浪，把吴、楚两地的广袤区域冲开、分裂，显示出洞庭湖的磅礴气势。"浮"是漂浮的意思，"浮"字，动感十足，在诗人的笔下，洞庭湖几乎包容了整个天地万物，并且主宰着它们的沉浮，日月星辰都随着湖水的波动而飘荡起落，一派雄浑壮阔的图景展现在读者眼前。

从颔联中我们可以看到诗人眼中的景象是如此的雄浑壮阔、博大深远。

（3）壮景面前容易引起人内心的万丈豪情。杜甫在登临泰山时也曾壮志凌云，"会当凌绝顶，一览众山小"。但是面对烟波浩渺八百里洞庭，诗人杜甫此刻却有不同表现。他哭了，他为什么哭？请结合颈联、尾联进行分析。同学们认为诗人"涕泗流"的原因是什么呢？

【明确】"亲朋无一字，老病有孤舟。戎马关山北，凭轩涕泗流。"面对浩瀚无边的洞庭湖，诗人触景伤情，想到了自己的漂泊人生，下面我们置身诗境，试想自己就是杜甫，此刻你正临窗远眺，来体会一下诗人的内心情感。

"亲朋无一字"，即亲朋音讯全无，写出诗人对亲人的思念，这是思亲；"老病有孤舟"，写诗人一身病痛，无人问候，无人照顾，唯剩一条孤舟栖身，表达了诗人凄苦漂泊的愁情，这是哀己；"戎马关山北"，写国家正在遭受外族侵扰，藩镇割据，民不聊生，这是对国运衰颓的担忧，这是忧国。念亲、哀己、忧国的情绪交织在一起，诗人怎能不泪如雨下！

因而这涕泪之中，有对亲戚朋友的眷念，有年老孤独的悲伤，有对国家前途的忧虑，（也有无以报国的自哀。）

（4）现在我们来看一下此诗中，情和景的关系。请同学们思考：颔联的景物描写对诗人的情感的抒发起什么作用？

【明确】反衬，这是融情于景，以景衬情的写法，以壮景写悲情。

（5）整首诗解读至此，下面我们从意象、意境、情感上总结全诗。

意象：洞庭水、岳阳楼、吴楚、乾坤日月、孤舟。

意境：沉雄悲壮、博大深远。

情感：身世之悲、家国之忧。

此诗以壮景来反衬悲情，更显其悲。

（6）小结

儒家说："达则兼济天下，穷则独善其身。"而此时的杜甫呢？他是"穷也胸怀天下，胸怀百姓"啊！你们还从他的哪些诗句感受到了其忧国忧民的情怀呢？

"安得广厦千万间，大庇 (bì) 天下寒士俱欢颜，风雨不动安如山。呜呼！何时眼前突兀见此屋，吾庐独破受冻死亦足！"（杜甫《茅屋为秋风所破歌》）

"国破山河在，城春草木深。感时花溅泪，恨别鸟惊心。"（杜甫《春望》）

"花近高楼伤客心，万方多难此登临。"（杜甫《登楼》）

……

穷而愈坚，悲而能壮，在自怨身世之中，仍保持傲岸的气魄与阔大的胸襟，这就是杜甫的气度。

拓展研究

请同学们将杜甫的《登岳阳楼》与李白的《与夏十二登岳阳楼》进行比较，说说这两首诗同是写登岳阳楼之感，在诗境和风格方面有什么差异。

与夏十二登岳阳楼

◎李白

楼观岳阳尽，川迥洞庭开。

雁引愁心去，山衔好月来。

云间连下榻，天上接行杯。

醉后凉风起，吹人舞袖回。

（瞿蜕园、朱金城《李白集校注》）

【明确】李白这首诗写于乾元二年（759 年），流即他被放途中遇赦，南游岳阳时。开头写岳阳楼四周的宏丽景色，接着把自己遇赦后的愉快心情，融入到眼前景色中去。雁儿高飞，带走自己愁苦之心，月出山口，仿佛君山衔来好月，然后浮想联翩，在岳阳楼住宿、饮酒，仿佛在天上云间一般，最后写楼上凉风习习，衣袖飘飘起舞，多么潇洒自如。

诗境：李白的《与夏十二登岳阳楼》写岳阳楼、洞庭湖的山水壮阔辽远，人的心情愉悦，意境雄浑豪放，其意境与杜甫《登岳阳楼》的沉郁悲壮有差异。

在艺术风格上，杜甫的《登岳阳楼》以写实为主，意旨深厚，又多变化，诗风可用沉郁顿挫概括。李白这首诗用陪衬、烘托和夸张等手法，想象奇特，笔法洒脱，可用豪放飘逸来概括。

课堂总结

同学们，杜甫是一个值得我们终生铭记的人，他"位卑未敢忘忧国"，"身无分文"却"心忧天下"。他登上岳阳楼，感叹美人迟暮，将军空老。他的沧桑之感，他的悲苦之愁，他的忧国忧民之情，像他眼前的开阔雄浑的洞庭水一样奔涌而来。他说"葵藿倾太阳，物性固难夺"。杜甫本性如此，不能改变，所以他只能向着太阳，心怀君王，心系朝廷，心念民众。这就是《登岳阳楼》中的杜甫形象，是中国士人的典范。

布置作业

运用置身诗境、缘景明情的方法自学并背诵默写杜甫的《旅夜书怀》（课本 36 页）与《阁夜》（课本 43 页）。

山水画屏　一路欢喜
——苏轼《新城道中》(其一)

创意说明

　　《新城道中》(其一)是人教版普通高中课程标准实验教科书高二语文选修教材《中国古代诗歌散文欣赏》第二单元推荐作品的篇目。本单元要求学生能够熟练运用"置身诗境，缘景明情"的方法对诗歌进行赏读。本课出自推荐作品部分，因此本诗的鉴赏是建立在对本单元前三个部分的学习基础之上的，在帮助学生巩固"置身诗境，缘景明情"这种诗歌鉴赏方法之余，进行适当拔高。

教学目标

　　1.把握诗歌的意象及特点，体会诗人的思想情感，熟练运用"置身诗境，缘景明情"的诗歌鉴赏技巧。

　　2.品味诗歌表意丰富、含蓄隽永的语言特点，建构诗歌语言，在诗中开展深入而准确的对话，和诗人进行心灵的交流，从而理解苏轼积极乐观、热爱自然、热爱生活的人生态度。

教学重难点

教学重点： 把握诗歌的意象及特点，体会诗人的思想情感，熟练运用"置身诗境，缘景明情"的诗歌鉴赏技巧。

教学难点： 从诗歌清新明丽、生机盎然的意境中，理解苏轼积极乐观、热爱自然、热爱生活的人生态度。

课堂在线

一、温故知新

《定风波·莫听穿林打叶声》

莫听穿林打叶声，何妨吟啸且徐行。竹杖芒鞋轻胜马，谁怕？一蓑烟雨任平生。

料峭春风吹酒醒，微冷，山头斜照却相迎。回首向来萧瑟处，归去，也无风雨也无晴。

这首词是苏轼在被贬黄州时，经历了野外途中偶遇风雨后写下的，我们在词中看到了诗人那旷达超脱的胸襟和他那超凡的人生理想以及人格追求。苏轼擅长写《定风波》这样于简朴中见深意，于寻常处生奇景的作品。今天就让我们和他一起，再次走到郊外，走进新城道中。

二、知人论世

苏轼，字子瞻，号"东坡居士"，世称"苏东坡"，眉州眉山人，也就是今天的四川省眉山市人，北宋时期著名文学家、书法家、画家。他与父亲苏洵、弟弟苏辙都以文学著称于世，合称"三苏"，所以世人有言："一门三父子，都是大文豪。诗赋传千古，峨眉共比高。"

公元1057年，苏轼进士及第。随后在杭州、密州等多地任职。公元1080年的时候，因"乌台诗案"，他被贬黄州，担任黄州团练副使。宋哲宗即位后，他回到朝廷，任翰林学士、礼部尚书等职，并出知杭州、扬州等地，晚年因新党执政被贬惠州、儋州。宋徽宗时获大赦北还，途中在常州病逝。

苏轼是北宋中期文坛领袖，在诗、词、散文、书、画等方面都取得了很高成就。他的诗歌，题材广阔，清新豪健，善用夸张比喻，独具风格。在诗歌上，他与北宋另一位著名诗人、"苏门四学士"之一的黄庭坚合称"苏黄"；他的词开豪放一派，与辛弃疾同是豪放派词作的代表作家，合称"苏辛"；他的散文著述宏富，豪放自如；在散文方面，他与欧阳修合称"欧苏"，为"唐宋八大家"之一；同时，他在书法上也颇有造诣，与黄庭坚、米芾、蔡襄一起，合称"宋四家"；此外，他还擅长画画，尤其擅长墨竹、怪石、枯木等。比如大家可以看我们这一册书的封面，上面有红色的竹子，其实在传统绘画中的竹子往往是以墨代青，而这种红色的竹子是以朱砂画就，叫做朱竹，此画法就是苏轼开创的。除了这些，苏轼对医药、烹饪、水利等技艺也都有所贡献。

本诗创作于宋神宗熙宁六年，也就是公元1073年，当时苏轼正在杭州担任通判。他在任上出巡杭州下面的各个属县，新城就是其一。这首诗就是当时诗人苏轼从富阳去新城的途中写下的，一共写了两首，这是第一首。

三、诵读理解

1. 学生朗读诗歌。要求：认准字形，读准字音；正确断句，读出节奏。

这首诗是一首七言律诗，我们可以按照前面讲过的七律的节拍来进行诵读。比如，首联中"东风知我欲山行"，其节拍是"二二一二"，"吹断檐间积雨声"，这个句子和上一句并非完全对仗，这里的"积雨"是一个词，连绵不断的雨，是不能断开的，所以下句的停顿是"二二二一"。

2.学生结合注释，理解诗句内容，在有疑问的地方做好标识。

四、文本赏析

学生赏析一：诗人在前往新城的途中，其心情如何？我们从诗歌的哪些地方可以看出？

【明确】先来审题，诗人心情如何，题目直指诗歌的情感主旨。要想把握一首诗歌的情感基调，我们往往需要从两个方面进行综合分析。最直接的一点是先去看一看诗歌当中有没有一些特别明显的表达情感的词语或者句子，比如忧愁的"忧"和"愁"，感伤的"伤"，悲哀的"悲"和"哀"，"流泪"的"泪"，"哭泣"的"泣"，"欢乐"的"乐"，"喜悦"的"喜"等，如果有的话，我们可以先标注出来。现在我们尝试找出这首诗中能表达情感的词。

不难发现，这首诗的颈联里面有一个动词"含笑"，尾联有一个"乐"，是不是就意味着诗歌的感情基调就是欢乐的呢？还不能这么早做出判断，因为诗歌中经常会使用反衬手法，所以我们还需要结合诗歌的内容去印证我们最初的判断。诗人在诗歌中除了直抒胸臆以外，还借用景、物、典故等媒介去抒发内心的情感。因此，把握诗歌的情感基调还需要关注以上内容。我们跟着诗人的步伐，置身诗境，看看在前往新城的路上都看到了什么风景。

"东风知我欲山行，吹断檐间积雨声。"清晨，诗人准备启程了。东风多情，雨声有意。为了诗人旅途顺利，和煦的东风赶来送行，吹散了阴云。淅沥的雨声停住了，天空放晴。久雨初晴，此时诗人出行的心情应该也和天气一样晴朗了吧。出门以后看到了什么景色呢？"岭上晴云披絮帽，树头初日挂铜钲。野桃含笑竹篱短，溪柳自摇沙水清。"洁白柔软的晴云、橙黄明亮的初日、娇艳怒放的桃花、低矮古朴的篱笆、轻盈起舞的溪柳、清澈明净的沙水，我们把每一个的意象都加上一个形容词，画面就在我们的脑海中出现了，这就是"置身诗境"。诗人穿山越岭，一路前行，陪伴他的，更是一路春光明媚、春意盎然的山村美景。再看住在这里的"西崦人家"，在煮芹和烧笋，无不忙着春耕，农人安居乐业，其乐无穷。结合诗歌的内容，现在我们可以确定这首诗的情感基调了，那就是"乐"，在这如画的美景中，我们的诗人一路前行，一路欢喜。

学生赏析二：诗歌的首联中，作者为什么不直说天气由阴转晴，却要说东风吹断了檐间连绵雨声？

【明确】首先，我们从诗歌内容的角度来看这个句子，诗人准备进山，急切地期盼天晴，所以对檐间这种没完没了的雨声特别地敏感，雨一停，他首先感知到檐间滴雨的声音消失了。更重要的一点是，诗人从"东风"落笔，将东风拟人化，大意为东风似乎知道他将要到山村去，就有意吹断了檐间久雨的淅沥之声。此时的东风都已经成了诗人的知心朋友，为他的山行特地安排了晴朗的天气。拟人手法的运用，让诗歌的表达生动形象，也让诗歌更有趣味，通过对内容和表达效果两个层面的分析，我们就可以感受到这两个句子的巧妙构思，同时，首联也为全诗定下愉悦的感情基调和轻快的旋律节奏。

学生赏析三：诗歌颔、颈两联在写景时各用了什么修辞手法？写景的角度有何不同？

【明确】这道题目的指向性非常明确，我们看题干，首先要关注范围。颔、颈两联的景不同，也就意味着两联的手法极有可能是不一样的，其修辞手法、写景角度给我们明确了思考的方向。颔联紧承首联，写了诗人在山道上早行所见景色。这两句写景时都运用了比喻的修辞手法，所营造之景有趣。上句说，久雨初晴，山头白云缭绕，好像戴着一项白色絮帽；下句说，初升的太阳如一面金灿灿的铜锣挂在树梢。唐代韩愈和杜牧在自己的诗歌中都有"晴云似絮"的表达，苏轼化用了他们的句子，进而喻为"絮帽"，戴在山头上，"絮帽"和"铜钲"形象更加新奇，白色和金色的映照中，常见的景物也显出了奇趣与谐趣。诗的颈联则运用了拟人的手法，描写了山野春日的旖旎风光：娇艳的桃花，在短短的竹篱内露出含笑盈盈的粉红脸庞；溪边嫩绿的柳枝条，在清澈见底的沙水上面自在摇舞。在竹篱边含笑的野桃和在沙水上披拂的溪柳，都被诗人拟人化了。植物在诗人的笔下被赋予了无穷的生命的活力，生动可爱。再看写景角度，这两联诗，一联写野外的景色，一联写农家的近景，由远及近，景中含情，这些景致正是诗人快乐心情的反映，也是诗人沉浸于大自然的最好体现。

让我们一起从诗歌的"景——境——情"三个方面来对诗歌内容进行小结。清晨，诗人启程前往新城，久雨初晴，他看到了盎然的春意和安居乐业的百姓，一路上有物有人，色彩缤纷，构成了一幅清新明丽、生机盎然的江南农家春景图。而对于此时身为通判，去各属县视察春耕情况的苏轼来说，这样的图景正是他寄情自然之欢、与民同乐之喜的最好呈现。

拓展阅读

阅读下面的诗歌，并回答问题。

东坡①
◎ 苏轼

雨洗东坡月色清，市人行尽野人行。
莫嫌荦确坡头路②，自爱铿然曳杖声。

【注】①此诗为苏轼贬官黄州时所作。东坡，苏轼在黄州居住与躬耕之所。②荦确：山多大石。

诗歌中的后两句表现了诗人怎样的精神？

【明确】诗歌后两句体现了诗人以险为乐、视险如夷的豪迈精神。后两句诗中，一个"莫嫌"，一个"自爱"，在强烈对比中凸显了诗人对待仕途挫折绝不气馁，意气昂扬的态度。

课堂总结

苏轼也正是用他这样的态度给人以鼓舞和力量，就如林语堂在《苏东坡传》中写的那样："苏东坡已死，他的名字只是一个记忆。但是他留给我们的，是他那心灵的喜悦，是他那思想的快乐，这才是万古不朽的。"

课后作业

运用第二单元"置身诗境，缘景明情"的鉴赏方法，自主赏析推荐作品中的《扬州慢》和《长相思》。

扬州慢

◎【宋】姜夔

淳熙丙申至日，予过维扬。夜雪初霁，荠麦弥望。入其城，则四顾萧条，寒水自碧，暮色渐起，戍角悲吟。予怀怆然，感慨今昔，因自度此曲。千岩老人以为有"黍离"之悲也。

淮左名都，竹西佳处，解鞍少驻初程。过春风十里，尽荠麦青青。自胡马窥江去后，废池乔木，犹厌言兵。渐黄昏，清角吹寒，都在空城。

杜郎俊赏，算而今重到须惊。纵豆蔻词工，青楼梦好，难赋深情。二十四桥仍在，波心荡、冷月无声。念桥边红药，年年知为谁生？

长相思

◎【清】纳兰性德

山一程，水一程，身向榆关那畔行，夜深千帐灯。

风一更，雪一更，聒碎乡心梦不成，故园无此声。

板书设计

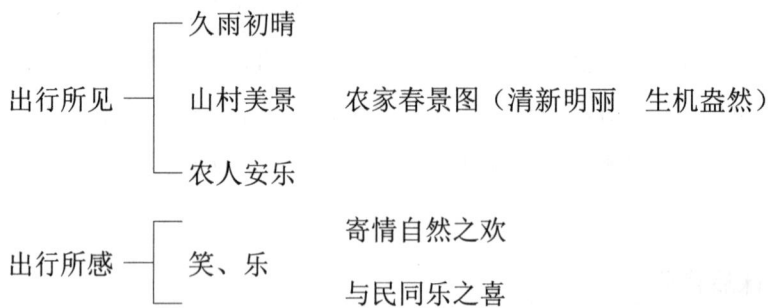

独奏惊艳千古，悲歌难觅知音

——《李凭箜篌引》

核心问题

本课选自人教版选修《中国古代诗歌散文欣赏》第三单元——"因声求气，吟咏诗韵"，这一单元的任务是通过对古典诗歌音律特点的把握，要求学生在诵读的基础上，深入地了解诗歌所表达的情感。

诵读是感悟和学习诗歌的重要途径，但学生在学习的过程中往往急于求成，直接从词句入手，忽略对诗歌音律的了解和把握。《李凭箜篌引》作为李贺诗歌的代表作，具有想象奇特、意境诡谲的特点，对学生来说，理解诗歌有困难。本教学设计意在指导学生通过诵读走进诗歌，通过学生自读、老师范读、吟诵、探究等方式，完成诗句的赏析。

教学目标

1. 因声求气，吟咏诗韵，感受诗歌的音乐美和节奏美。

2. 反复研读诗歌，深入探究诗歌的内容和情感。

3. 比较《琵琶行》与《李凭箜篌引》在音乐描写方面的艺术手法的异同。

教学重难点

教学重点：在诵读的基础上深入了解本诗的内容和情感。

教学难点：比较异同，探究在音乐描摹类诗歌中常见的艺术手法。

课堂在线

一、导入

今天这节课我将和大家一起学习李贺的《李凭箜篌引》。唐诗中有许多写音乐的诗词，其中有三首最为著名，《李凭箜篌引》就是其中之一。清代的方扶南曾言："白香山江上琵琶，韩退之颖琴师，李长吉李凭箜篌，皆摹写声音至文。韩足以惊天，李足以泣鬼，白足以移人。"意思是说这首诗足以泣鬼，主要是因为诗人构思的奇特。今天，我们就一同走进诗人李贺这一场音乐盛宴里，领略他的心曲。

二、知人论世

李贺，字长吉，是"长吉体诗歌"开创者。唐代河南福昌人，家居福昌昌谷，后世称李昌谷，是唐宗室。作为中唐到晚唐诗风转变时期的一个代表者，李贺继承浪漫主义的创作精神，以丰富的想象力和新颖诡异的语言，表现出幽奇神秘的意境。其一生体弱多病，27岁逝世。

李贺有"诗鬼"之称，是与"诗圣"杜甫、"诗仙"李白、"诗佛"王维齐名的唐代著名诗人。留下了"黑云压城城欲摧""雄鸡一声天下白""天若有情天亦老"等千古佳句，还有《雁门太守行》《李凭箜篌引》等名篇。

在唐代群星璀璨的诗坛，生平履历简单如李贺者，恐怕少之又少，当然，这很大程度上与其短暂的人生有关。李贺是宗室郑王之后，奈何他这一代同皇族的关系已极为疏远，皇室的血统不能给他带来任何特权，他只有通过参加进士考试来实现家族理想和社会理想。可是，因为父亲名晋肃，"晋"与"进"谐音，与李贺争名者便提出避讳之说，说李贺当避父讳，不得参加进士考试。一向欣赏他的韩愈还专门写了《讳辩》一文，为李贺鸣不平，但没有效果，李贺没能应试，其仕进之路就这样被一个荒唐的借口堵塞了。在此之后，李贺做了个奉礼郎的九品官，掌管君牌位，在祭祀时引导跪拜仪式。这个低微清冷的职位与李贺不甘屈居人下的高远志向大相径庭，一直忧愤的他，三年后以病辞官，回到老家昌谷，第二年至潞州依附韩愈的侄女婿张彻，寄居三年，还是没有出路，辞归，在怨愤抑郁中死去。

三、解题

李凭：梨园弟子，因善弹箜篌，名噪一时。"天子一日一回见，王侯将相立马迎"，他的精湛技艺，受到当时诗人们的热情赞赏。很多诗人都为他写过诗，《李凭箜篌引》是其中的精品。

引：一种古代诗歌体裁，篇幅较长，音节、格律一般比较自由，形式有五言、七言、杂言。

四、领悟诗情（因声求气，吟咏诗韵）

《李凭箜篌引》是编排在本教材的第三单元的一首诗歌，这个单元要求我们在"知人论世""缘景明情"的基础上"因声求气、吟咏诗韵"，也就是通过对古典诗词声律特点的把握，学习有感情地吟咏、诵读作品，在古典诗歌音乐美的熏陶中，深刻理解作品蕴含的情感，获得较高层次的审美享受。

本诗是描写音乐的作品，而音乐是一种诉诸于听觉的时间艺术，转瞬即逝。音乐形象比较抽象，难以捉摸，要用文字将其妙处表达出来就更困难了。《李凭箜篌引》可以说是"摹写声音之至文"，那么下面我们就来读一读这首诗，在朗读中体味音乐的魅力。

（一）一读诗作，初步感知

请同学们打开课本，自由诵读诗歌。要求能够认准字形，读准字音；把握节拍，读出节奏。

七言诗一般有四个节拍，有两种划分的方式："二 二 一 二"或"二二二一"。请同学们根据具体诗句按音节兼顾意义来划分好节拍。

1. 学生自读

2. 教师范读

李凭箜篌引

◎ 李贺

吴丝 / 蜀桐 / 张 / 高秋，空山 / 凝云 / 颓 / 不流。

江娥 / 啼竹 / 素女 / 愁，李凭 / 中国 / 弹 / 箜篌。

昆山 / 玉碎 / 凤凰 / 叫，芙蓉 / 泣露 / 香兰 / 笑。

十二门前 / 融 / 冷光，二十三丝 / 动 / 紫皇。

女娲 / 炼石 / 补天 / 处，石破 / 天惊 / 逗 / 秋雨。

梦入 / 神山 / 教 / 神妪，老鱼 / 跳波 / 瘦蛟 / 舞。

吴质 / 不眠 / 倚 / 桂树，露脚 / 斜飞 / 湿 / 寒兔。

（二）二读诗作，整体感知

把握好诗歌的节奏之后，请同学们再读诗歌，完成课件上的表格，对诗歌的内容作整体的把握。（教师讲解表格内容）

	诗中相关内容	特　点
演奏者	李凭中国弹箜篌	技艺高超
演奏乐器	吴丝蜀桐张高秋	精美

	诗中相关内容	特　点
演奏地点	李凭中国弹箜篌	国都长安之中
演奏时间	吴丝蜀桐张高秋	秋高气爽
听　众	神：江娥啼竹素女愁 二十三丝动紫皇 梦入神山教神妪 吴质不眠倚桂树 物：空山凝云颓不流 石破天惊逗秋雨 老鱼跳波瘦蛟舞 露脚斜飞湿寒兔	意象诡异

（三）三读诗作，领悟诗情

1.请同学们三读诗歌，划出能表现乐曲旋律基调的词语，说说这些词语带给你怎样的感受？

【明确】颓、啼、愁、碎、泣、冷、破、湿——悲伤

2.请同学们思考这样一个问题，你感受到的悲伤仅仅是音乐的旋律的悲伤吗？请说说理由。

【明确】当然不是，除了旋律的悲伤，更应该是李贺的悲伤。"以我观物，则物皆著我之色彩"，诗人总把个人的情感放在自己的作品中，箜篌声带上了个人色彩，李贺是带着自己的身世、遭遇来听李凭的这一场演奏的，而诗从肺腑出，更在倾听中激发了自己的悲慨，因此发而为诗，我们可以从《李凭箜篌引》中听到李贺灵魂深处的一声叹息。李贺是唐宗室郑王李亮的后裔，到李贺之时，家道已经中落。李贺少有才华，积极仕进。21岁参加河南府试，获得了"乡贡进士"的资格，但一个极其荒谬的理由毁掉了他的全部努力，他被迫放弃了举进士的权利，断绝了仕途之路。自此以后，他一直陷于抑郁、痛苦之中。

3. 诗中的听众，或为无生命、无感情之物，或为神话传说中的人或物。诗人为什么要把现实中的"人"摒之于外呢？

【明确】世间知音稀，欣赏有何人？像李凭这样有着高超技艺的乐者，在人间却找不到知音，这是何等的悲哀。李贺既是在哀他人，也是在自哀。人间没有仕进之路，找不到施展才华之处，因而李贺所写的意象不是在自然界，就是在仙界。

李贺很想自身通显以逞抱负，谁知造化弄人，一个极其荒谬的理由就毁掉了他的前途。他想通过诗歌寄托理想，可是自己的深情远意谁能理解？李贺内心其实是自比为玉、为凤的，而当被断绝了仕途之路后，昆山玉碎的声音同时也成了李贺心底碎裂的声音，凤凰尖锐的啼叫声，其实也是李贺心底为自己所鸣的不平，李贺同时还自比为可补苍天的五色石，而当实现不了志向时，这一石头碎裂的声音在李贺心中引发的是滂沱不绝的秋雨，这是一个诗人的心在哭泣。所以，当李凭的箜篌声弹奏之时，李贺仿佛化身为才华横溢的乐师，借着箜篌弹奏着自己的悲哀，也用诗句谱写着自己的不幸，谱写着一曲辛酸的、怀才不遇的悲歌。

（四）四读诗作，领悟诗情

对这首诗歌的内容和情感的解读到此为止，下面来听听名家朗诵，加深对诗歌思想情感的理解。

拓展赏析

赏析艺术手法：

音乐，是声音的艺术，它是无形的，要将无形的东西用文字把它表达出来，需要高超的技巧。

1. 下面我们先以《琵琶行》为例，来归纳描写音乐的技巧。

东船西舫悄无言，唯见江心秋月白。（环境渲染法）

轻拢慢捻抹复挑，初为霓裳后六幺。（动作描绘法）

嘈嘈切切错杂弹，大珠小珠落玉盘。（以声摹声法）

座中泣下谁最多，江州司马青衫湿。（听者反应法）

银瓶乍破水浆迸，铁骑突出刀枪鸣。（以形喻声法）

2. 李贺在描绘这场惊艳千古的独奏时，他高超的诗技主要体现在哪些方面？

吴丝蜀桐张高秋，空山凝云颓不流。（环境渲染）

江娥啼竹素女愁，李凭中国弹箜篌。（联想典故、听者反应）

昆山玉碎凤凰叫，芙蓉泣露香兰笑。（以声摹声、以形喻声）

十二门前融冷光，二十三丝动紫皇。（环境渲染、听者反应）

女娲炼石补天处，石破天惊逗秋雨。（听者反应）

梦入神山教神妪，老鱼跳波瘦蛟舞。（联想典故）

吴质不眠倚桂树，露脚斜飞湿寒兔。（联想典故、听者反应）

拓展探究

思考：阅读白居易的《琵琶行》和《李凭箜篌引》，比较它们在音乐描写方面所用的不同技法，说说它们的艺术风格。

1. 在音乐描写时所用的不同技法：

《李凭箜篌引》主要描写音乐产生的艺术效果，对音乐旋律本身的起伏跌宕的直接描写并不多，只有"昆山玉碎凤凰叫，芙蓉泣露香兰笑"两句为侧面烘托手法。《琵琶行》主要通过比喻描摹音色的强弱缓急，为直接描写的手法，"江州司马青衫湿"为侧面烘托。

2. 风格迥异：

《李凭箜篌引》所用意象诡异，风格凄寒冷艳、浪漫瑰丽。

《琵琶行》所用意象常见，风格平易感伤。

课堂总结

一唱三叹则荡气回肠，余音袅袅且绕梁三日，这就是音乐的魔力，不过这还未必是听曲的最佳境界。高山流水，知音难觅。李贺，才华横溢的诗人，巧遇李凭箜篌，令他浮想翩翩，令他妙笔生花。最好的乐器，美妙的乐曲，一流的乐师，遇到卓越的诗人，于是名家好手共同造就了《李凭箜篌引》这首千古不朽的诗篇。

课后作业

1. 背诵全诗。

2. 自主赏析韩愈的《听颖师弹琴》（教材 46 页）。

悲号呜咽　血泪之书

——《虞美人》

创意说明

　　《虞美人》选编在人教版普通高中课程标准实验教科书语文选修《中国古代诗歌散文欣赏》的第三单元。诵读教学是本单元的教学重点，要求学生能够在反复诵读，整体感知的基础上，深入品味诗词的优美意境和情感世界。"因声求气，吟咏诗韵"，是在诵读诗词方面对学生提出的基本要求。"因声求气"是指通过感受诗文语言的节奏，来把握作品的精神，"吟咏诗韵"是指通过吟咏诗文的音韵，来体味其中蕴含的情感。《虞美人》是李煜的绝笔词，后人以"血泪之歌""一字一珠"称赞，学生可以通过吟咏品味其叹惋、无限惆怅之情。

教学目标

　　1. 知人论世，初读感知，了解词人李煜的生平和经历。

　　2. 理解词意，品读鉴赏，体会词人亡国后的凄凉心境。

　　3. 结合指导，吟咏诗情，感受词作深沉的艺术魅力。

教学重难点

教学重点：鉴赏品读诗歌，体会词人的亡国之痛与故国之思。

教学难点：理解词人化抽象为形象的艺术手法。

课堂在线

一、温故知新

词是隋唐时兴起的一种合乐可歌、句式长短不齐的诗体，最初被称为"曲词"或者"曲子词"，也叫"长短句""诗余"等。词大多分段，一段就是一个乐段，叫"片"或"阕"，分两片的词最为常见。词牌是一首词词调的名称，有一些词还有题目，词题是词内容的集中体现，比如我们在必修中学过的《念奴娇·赤壁怀古》，"念奴娇"即为词牌，"赤壁怀古"就是词题。一般会按字数把词分成小令、中调和长调三种，58字以内为小令，59到90字为中调，91字及以上为长调。此外，按表现内容、语言风格等，词大致可划分为豪放词和婉约词两大类。

今天我们要学习的就是李煜的词作——《虞美人》。

二、知人论世

一个阴云低垂的早晨，一座金碧辉煌的宫殿，一个泪眼朦胧的君主。在美丽的古都金陵即将沉陷于敌国铁蹄之下的时候，这位"生于深宫之中，长于妇人之手"的风流天子，缓缓地站起身来，脱去已穿在身上14年的龙袍，肉袒负荆，出城跪降。随后，在宋兵的辱骂声中，他一路呜咽，北上汴京。紧接着就是被囚禁，只能终日以泪洗面，这个君王就是李煜。

李煜（937年—978年），五代十国时南唐国君，唐元宗李璟的第六个儿子，字重光，号钟隐、莲峰居士，南唐的末代国君，史称"南唐后主""李后主"。公元 961 年，李煜继位，成为南唐第三位皇帝；公元 975 年，兵败降宋，被俘至汴京，封违命侯；公元 978 年七月七日，死于汴京。李煜精于书法、绘画，通音律，在诗文方面有一定造诣，其中又以词的成就最高。他的词，语言明快、用情真挚，亡国以后所作的词作更是题材广阔，含意深沉，有着动人的艺术力量，在中国词史上占有重要的地位，被称为"千古词帝"。亡国之君，千古词帝，"作个才人真绝代，可怜薄命作君王"。

本诗作于南唐覆灭以后，当时李煜被软禁于北宋都城汴京。相传七夕之夜，李煜在寓所中命歌伎唱此词，宋太宗知道后，赐酒将他毒死。所以，这首词也被称为李煜的"绝命词"。

三、初读感知

学生活动一：学生朗读诗歌，要求认准字形，读准字音；正确断句，读出节奏。

填词被称倚声之学，词的句子长短，韵位疏密，都需要与所用曲调，也就是我们所说的词牌相适应，"一调有一调的不同节奏"，现在请找出这首词的韵脚。

【明确】"了""少""风""中""在""改""愁""流"这几个字是这首词的韵脚。观察这些韵脚，我们发现《虞美人》这个词调的一个特点，就是"平仄韵的转换"。该词的上下阕都是由短促的仄声韵转换为徐缓的平声韵，在结构上由七言转为五言，再转回七言，最后转换为九言长句，这样一来，就形成了"长吁短叹"与"短叹长吁"的回环，传达出反复叹息的意味，从而表达出其情感。

现在，请同学们自由诵读诗歌。

虞美人

◎ 李煜

春花 / 秋月 / 何时了？往事 / 知 / 多少。

小楼 / 昨夜 / 又东风，故国 / 不堪回首 / 月明中。

雕栏 / 玉砌 / 应犹在，只是 / 朱颜 / 改。

问君 / 能有 / 几多愁？恰似 / 一江春水 / 向东流。

四、品读鉴赏

学生活动二：请同学们理解词意，从词中找出词人"愁"的原因。

【明确】"往事知多少""故国不堪回首月明中"和"只是朱颜改"这三个句子都是引发词人愁闷的原因。

先看"往事知多少"。"往事"指的是词人当国君时，所有值得追忆的事，"知多少"是一声叹惋，也是一种悔悟。往事实在太多，据历史记载，李煜身为国君之时，终日纵情声色，与大小周后欢歌宴舞，享尽了人间的荣华富贵。不仅如此，他还错杀了潘佑、李平等忠臣，以致于落得国是日非，亡于赵宋，自己也沦为囚徒的结局。但是，叹惋也好，悔悟也罢，亡国已成了无可挽回之事，追忆起来，无非是坠入茫茫无际的苦海，忍受着不尽的心灵折磨而已。"往事知多少"其实是对无数往事的叹息，词人李煜迫切地希望这样的折磨赶紧结束。所以，他在词的开篇即以问句开头："春花秋月何时了？""春花秋月"即春花艳艳，秋月朗朗，代指良辰美景，赏心乐事，但在做了亡国之囚的李煜心里，反而激起了更大的烦闷。"了"是完结、尽头的意思。李煜降宋后，虽然被封为违命侯，但实际上却是过着囚徒般的生活。春暖花开，仲秋月圆，岁月就这样无休止地循环往复，而诗人这种囚徒的生活，到哪一天才是尽头？就如《红楼梦》第一回所说："可知世上万般，好便是了，了便是好。若不了，便不好。"这里所抒发的，正是词人痛不欲生的感念。这一句看似矛盾，问得很奇，却是在情理之中。

再看"故国不堪回首月明中"。"不堪"，即不忍，忍受不了。"回首"，即思念。昨夜月明依旧，可"故国"早已破亡，令人不忍回顾。诗人愁苦万分、悲痛欲绝。亡国之痛，是词人愁闷深沉的来源。故国已亡，不能不想，想又不忍，周围的环境一直在提醒着我们的诗人此时的身份。"小楼"是诗人囚居的地方，条件简陋，这与他往昔做帝王时所享用的"凤阁龙楼"相去甚远。从"凤阁"到"小楼"，象征着一个朝代的败亡，也标志出词人的帝王身份和人身自由的消失。这般处境，足以使我们的诗人感到凄苦难耐，更何况"昨夜又东风"呢？长夜难眠，阵阵东风吹进小楼，一个"又"字，预示着又一个难熬的春天到了，一样的东风，一样的明月，不一样的境遇。人的生命随着花谢月残而长逝不返，而词人复国之梦随着花开月圆而逐步破灭。

转入下阕，"朱颜"在此处指的是南唐旧日的宫女，其实我们也可以理解为作者自指。宋灭南唐时，李煜四十岁，作此词时仅隔一年光景，可词人却早已形容憔悴，一副老态，何以"改"得如此之快呢？究其原因，这无疑是他"一旦归为臣虏"之后，经受了"日夕以泪洗面"的结果。与"朱颜改"对应的是什么呢？是"雕栏玉砌应犹在"，"雕栏玉砌"指代豪华的宫殿建筑，"应"是大概、想必的意思。故都金陵华丽的宫殿大概还在，只是作者和那些丧国的宫女的朱颜已改，对南唐故国眷念的辛酸也就流露无遗。

永恒的春花秋月，年年到来的东风，应犹在的雕栏玉砌，一切外物似乎都没有变化，而一去不返的岁月，不堪回首的故国，已改的朱颜，却早已沧海桑田。三次对比，三次问答，隔句相承，其物是人非、人生无常的感慨，也就喷发而出了。对于诗人来说，变化的不仅仅是"朱颜"，更是他的地位和处境，有的是由君王成为囚徒，由尊荣显贵到忍辱蒙羞的痛苦。

学生活动三："问君能有几多愁？恰似一江春水向东流。"这两句诗是千古名句，请同学们从修辞手法的角度，说说其妙处。

【明确】这两句诗综合运用了设问、比喻、夸张的修辞手法。设问设答格式，"君"是自指。"几多"，就是多少，这两句中最精彩的地方就是比喻。"一江"，喻愁之多。"春水"，喻愁之深。"向东流"，喻愁之长。用一江春水来比喻愁绪，既巧妙地呼应了"春花""东风"等点明季节的词语，又把抽象的愁绪形象化。既写出了愁绪的汹涌浩荡、奔流不息，又写出了愁绪的连绵不绝、无尽无休，进而生动又贴切地抒发了诗人内心的无限愁苦。于是，尽管我们读者在各自的环境中所产生的忧愁与李煜有着完全不同的生活内涵，却都可以在此找到共鸣。因而，该词句也就成为历代传诵的名句。

吟咏诗韵

学生活动四：请同学们结合诵读指导，自行朗诵诗歌，体会词人跌宕的情感。

【明确】"春花秋月何时了？"这一句诘问苍天，诗人抒发了自己浓烈的情感，所以读的时候声音要渐强，核心词"何时"要放慢语速，以强调愁绪的无法控制。"往事知多少"，由现实转入回忆，思绪渐行渐远，所以声音要渐弱，表达感慨的"知多少"三个字要放慢语速。"小楼昨夜又东风，故国不堪回首月明中"，诵读这两句时，要设想自己就是主人公，夜晚凭栏思虑，春风吹过，抬头仰望皎洁的月光，想起旧日的江山和往事。同学们应做到眼中有形象，心中有悲情，要用平淡的语调去读，语速要慢。"昨夜"后停顿延长，"又"重读，"东风"收尾要淡一些。"故国""不堪回首""月明中"三个词组的诵读节奏要分开，"不堪"需要读出强调顿挫的感觉。

"雕栏玉砌应犹在，只是朱颜改。"这两句既是回忆，又是推理。诵读这两句时，同样要有画面感，要和作者的思绪一起来到旧日生活的皇宫，雕栏玉砌还和从前一样（"应"字重读），可宫女们的容颜已经衰老了。词人的"物是人非"的感觉，诵读时要能够表现出来，"朱颜改"三个字，应放慢语速，但音量不要大。"问君能有几多愁？恰似一江春水向东流。"这两句是整首词情绪的高潮。愁如春水，澎湃胸中，诵读时就要把这无尽的哀愁表现出来，形容愁之深之多的词语"几多"和"一江"要重读，"向东流"是指愁绪的绵长无尽，声音要延长。

课堂总结

王国维曾说："尼采谓一切文字，余爱以血书者，后主之词，真所谓以血书者也。悲号呜咽，一字一珠，一个处在刀俎之上的亡国之君，竟敢如此大胆地抒发亡国之恨，是史所罕见的。"李煜全心倾注的纯真感情，大概就是王国维所说的出于"赤子之心"的"天真之词"吧。法国作家缪塞尔说："最美丽的诗歌是最绝望的诗歌，有些不朽的篇章是纯粹的眼泪。"这首词就是这样的不朽之作。

课后作业

这首词和李煜同时期所作另一首《浪淘沙》各抒发了怎样的情感？又分别说出了哪些人生共通的体验？

浪淘沙

◎ 李煜

帘外雨潺潺，春意阑珊，罗衾不耐五更寒。梦里不知身是客，一晌贪欢。
独自莫凭栏，无限江山，别时容易见时难。流水落花春去也，天上人间。

【设题意图】

本题为延伸阅读和比较阅读，主要引导学生准确细腻地体悟词情，并让学生认识到好的作品总是能够表达出对宇宙和人生的情感，无论时代如何变迁，都会引起读者的共鸣。

【参考答案】

《虞美人》主要抒发词人对屈辱的囚徒生活的无比厌烦和满腔愁绪；《浪淘沙》主要抒发词人对故国江山的无比眷恋和对国破家亡的千古憾恨。《虞美人》中的"雕栏玉砌应犹在，只是朱颜改"所表达对物是人非的感慨，"问君能有几多愁？恰似一江春水向东流"表现了绵绵不绝的愁绪，《浪淘沙》中"梦里不知身是客"所表达的是梦醒之间时意识到身份错位的漂泊无依之感，"别时容易见时难"所表达的离别之痛，"流水落花春去也，天上人间"所表达的繁华不再、人生无常的无奈，都是人生共通的体验。

😊 板书设计

悲号呜咽　血泪之书

——李煜《虞美人》

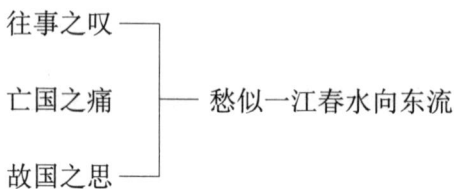

一曲风荷寄乡思

——《苏幕遮》

核心问题

本课选自人教版选修《中国古代诗歌散文欣赏》第三单元——"因声求气，吟咏诗韵"，本单元通过对中国古典诗歌声律特点的把握，学习有感情地吟咏、诵读作品，在古典诗歌音乐美的熏陶中，深刻理解作品蕴含的情感。

诗歌是情感的旋律，而学生在学习过程中，面对纸质的文本材料难以"看见"作品的音韵，也难以用诵读的形式表现音韵，本课通过教授诵读方法，让学生通过诵读、理解再诵读，感悟诗歌的景与情，同时在一定程度上揣摩人生的深刻意蕴。

教学目标

1. 因声求气，感受诗词创造的意象和丰富意境，品味诗歌的意境美。
2. 理解诗歌中景和情的关系，理解诗人寄寓在景中的思乡之情。

教学重难点

教学重点：因声求气，反复吟咏，感受诗词创造的意境美。

教学难点：理解诗歌中景和情的关系及其对词人情感表达所起的作用。

课堂在线

一、导入新课

我国著名学者王国维说"一代有一代之文学"，唐诗是唐代之文学，宋词是宋代之文学，李白和杜甫堪称唐诗中的两座高峰，李白以气象神思取胜，杜甫则以兼容并蓄闻名。王国维先生在将宋词和唐诗作比时，曾将苏轼比作李白，将周邦彦比作杜甫，这足以见得苏轼和周邦彦在词坛上的重要地位。苏轼词作的风采我们已在《念奴娇·赤壁怀古》中有所了解，那么周邦彦的词作会带给我们怎样的审美感受呢？今天我们就一起学习周邦彦的代表作《苏幕遮》。

二、知人论世

周邦彦，北宋人，字美成，号清真居士，钱塘人。其妙解音律，善于作词，宋徽宗时曾任大晟乐府提举官，并完善了词的体制形式。他的词富丽精工，自成一家，有"词家之冠""词中老杜"之称，但在内容上有明显不足，多为泛咏旅思、绮情之作。

周邦彦年轻时因献《汴都赋》大赞王安石新法，得到神宗赏识，由太学生直升为太学正，瞬间名声大噪，但后来久不升迁。宋神宗死后，旧党执政，周邦彦被排挤出京城，几度奔波于地方州县，深切感受到漂泊的滋味，于是羁旅愁思成为其词作的重要主题。咏物也是周词的主要题材，周词能将羁旅愁思与所咏之物巧妙融为一体。《苏幕遮》就是一首将思乡之情与荷花风姿融在一起的佳作。

三、因声求气，吟咏诗韵

1. 一读诗作，初步感知

（1）诵读指导

①诗词韵律的音乐性主要体现为在音顿的疏密、音尾的长短、音高的抑扬、音量的强弱等方面，吟诵时应该注意韵律的变化。

②一般来说，每个节拍的后一个字遇到平声时，可适当延长，遇到仄声时宜作停顿，这样可以达到抑扬顿挫的效果。

③根据古诗词节奏划分的规律，我们先来划分本词的诵读节拍。

三字句，或一二式：燎／沉香；消／溽暑

三字句，或二一式：故乡／遥；何日／去

四字句，或二二式：鸟雀／呼晴；家住／吴门；水面／清圆；小楫／轻舟

五字句，或二一二式：侵晓／窥／檐语

五字句，或二二一式：久作／长安／旅；一一／风荷／举；梦入／芙蓉／浦

七字句，或二二三式：叶上／初阳／干宿雨；五月／渔郎／相忆否

（2）学生自读

（3）教师带读

2. 二读诗作，整体感知

（1）同学们再读本词，结合注释对本词作进一步的了解。

老师讲解：

王国维说："故以宋词比唐诗，则东坡似太白，欧、秦似摩诘，耆卿似乐天，方回、叔原则大历十子之流。南宋唯一稼轩可比昌黎，而词中老杜，则非先生不可。"由此，我们可以看到王国维对周邦彦的评价极高。

（2）请选择最能触动自己心弦的一句词，从情感和技巧两个方面加以分析。

老师讲解：

①"燎沉香，消溽暑"两句，从触觉入手，不仅状写了夏天的潮湿溽热，而且也透出了词人烦闷的心情。词人燃起名贵的沉水香，不仅是为了消除潮湿溽热之气，更是为了缓解那烦闷的心绪。一个仿佛很平淡的开篇，便蓄积了浓重的愁思——那夏季浓厚溽热之气与袅袅上升的香云，正是诗人剪不断的愁绪的形象化表现。

②"鸟雀呼晴，侵晓窥檐语"这两句从听觉、视觉方面入手，并用反衬的手法，以闹衬静。此句写了鸟儿们一大早就已在屋檐下探头探脑，互相交谈，叽叽喳喳，清脆的鸟叫声相互转告着天气转晴的消息。此句中的"呼"与"窥"用得传神。拟人修辞更显人性化，"呼"字表现出小鸟欢快的叫声和活泼灵动的神态。"窥"字把鸟儿们东张西望的神态表现得活灵活现。在词人眼里，鸟雀仿佛有着人的喜怒哀乐，它们既会"呼"也爱"窥"，如同调皮的孩子一般活泼可爱。此刻，词人的烦闷情绪似乎有所好转，有了一丝丝的愉悦。

③"叶上初阳干宿雨、水面清圆，一一风荷举。"这三句从视觉方面，写雨后风荷摇曳的美景。盛开的荷花，本来是足以让人流连的极美的景象，又何况是被一夜的雨水滋润过、被旭日照耀后的荷花呢！但见青青的荷叶在日光下圆圆的舒展着，被风儿吹动的荷花轻摇着，抬起美丽的脸庞，格外动人。"一一"把荷叶在水面上错落有致、疏密相间、高低起伏的层次感刻画得惟妙惟肖。简单的一个"风"字，把微风吹过荷塘，荷叶随风轻轻摇动的姿态不动声色地勾勒出来了。"举"字极妙：一方面，其生动状出了荷花在风中摇曳的景象，令人如临其境；另一方面，其以拟人的手法，写出了荷花举头与诗人相对、让他心动神摇的场面。此句传达出词人此时的愉悦之情，但此愉悦的心情并未持续多久。

④"故乡遥，何日去？家住吴门，久作长安旅。"此句词人直抒胸臆，表达了自己浓浓的思乡之情。眼前的荷塘，勾起了词人的乡愁：故乡遥遥，在那"莲叶何田田"的江南，词人羁旅京师已久，何时才能归去？但人在官场，身不由己，作为钱塘人，久客京华的羁旅之思，伴着浓浓的乡愁溢于言表。

这四句把空间的想象落实在两个点上：一是"吴门"，一是"长安"，但仍以荷花将两地牵连。读至此，我们才发现，其实上阕首句的"燎沉香"就暗含着作者的思乡之情。

⑤"五月渔郎相忆否？小楫轻舟，梦入芙蓉浦。"这三句用对写的手法，不仅细腻真切地表达了词人对故乡、对朋友的思念之情，而且使得该词之意境不落俗套。该句写的应该是梦游，把孤立的两点进一步缩小并使之具体化。将"吴门"化作"渔郎"，将"长安"化作词人自己。"五月"二字是串接时间的长线，它一头挽住过去，一头接通现今，甚至牵连到作者的梦境。"梦入芙蓉浦"终于把时间与空间的距离缩短，在梦中，词人思归之心理得到片刻的满足。

3. 三读诗作，领悟诗情

（1）这首词上片写景，下片抒情，段落极其分明，但是情景之间关联密切。想想二者有什么关系？联系两片之间感情纽带的是哪个意象？

【明确】

词中情和景的关系是"见景生情"。联系两片之间感情纽带的意象是"风荷"。词人从眼前的"风荷"想到了家乡的荷花。词人的家乡在钱塘，西湖的荷花"接天莲叶无穷碧，映日荷花别样红"。这样，就由描写"风荷"很自然地过渡到抒发怀乡之情，不着痕迹。

（2）词人以荷入梦，梦回芙蓉浦（家乡），试想想如果可以辞官回家，作者会不会回去，为什么？

【明确】

作者不会回去。结合作者当时的背景经历：此词作于神宗元丰六年（1083）至哲宗元祐元年（1086）之间，当时久客京师的周邦彦刚刚从太学生到任太学正，处于人生上升阶段。入仕为官是古代文人实现理想抱负的唯一途径，因此作者不会回去。另外，从周邦彦的人生经历来看，他已然适应并享受都市生活，此时只是触景生情，即在追求美好生活或享受美好生活之时，怀念故乡生活的淳朴情愫。

（3）如果此时，作者有一个机会可以回家省亲，那作者的"乡愁"会不会消失？

【明确】

不会全部消失。因为作者的"乡愁"中含有对童年生活的怀念与向往。"五月渔郎"显然是儿时的伙伴。对诗人来说，家乡，是流逝的时光的象征，有他儿时美好的记忆。那金子一般的无忧无虑的少年时代，已经一去不复返了。人终究要长大，心灵在童年与成年之间徘徊，在乡村与都市生活之间流连的情感，世人皆有，而本词将这一感情浓缩成人类情感历程表现出来，令人感慨，引人共鸣。

（4）小结：《苏幕遮》展示了周邦彦的心灵在童年与成年之间的徘徊，在乡村与都市生活之间流连的情感，恰恰在有意无意之间，成为了人类的情感历程的一个象征。此象征发人深省，令人感慨，成为一种在现实与过去、成熟与童真之间的复杂的人生感悟。

（5）听名家朗诵，再悟诗情。

拓展研究

阅读《苏幕遮·怀旧》（范仲淹），分析这首词在景物描写方面有哪些特点？说说这首词表达了作者怎样的思想感情？

苏幕遮·怀旧
◎ 范仲淹

碧云天，黄叶地，秋色连波，波上寒烟翠。

山映斜阳天接水，芳草无情，更在斜阳外。

黯乡魂，追旅思，夜夜除非，好梦留人睡。

明月楼高休独倚，酒入愁肠，化作相思泪。

【明确】

（1）景物描写方面的特点

描写视角颇具匠心。从高到低或从上到下（碧云天，黄叶地），由近及远（山映斜阳天接水；芳草无情，更在斜阳外）。

突出秋景的鲜明色彩：碧蓝的天空，枯黄的落叶，绵长的水波，苍茫的远山，连天的芳草，西下的斜阳等。

抓住典型景物大处落笔，境界开阔，写景中暗寓离情。

（2）思想感情

上阕借无情的芳草表达出了浓重的离愁别恨，含蓄地表达了对故乡亲人的深切思念。下阕则直接表达了作者浓得化不开的羁旅愁思。

课堂总结

周邦彦是善于使用语言艺术的大师，他往往运用优美的语词来创造生动的形象，有时精雕细刻，富艳精工；有时用典，融化古人的诗句。但这首词主要是用从生活中提炼出的词语，准确而又生动地表现出荷花的风神，抒写了自己的乡愁，有一种从容雅淡、自然清新的风韵。

课后作业

1. 背诵这首词。

2. 完成课后练习（教材51页）。

边塞一曲声悲壮

——高适《燕歌行》

创意说明

《燕歌行》是人教版普通高中课程标准实验教科书高二语文选修教材《中国古代诗歌散文欣赏》第三单元推荐作品的篇目。本单元的教学目标之一就是学生能够理解和掌握古代诗歌鉴赏的基本方法之一——"因声求气、吟咏诗韵"。通过对中国古典诗歌声律特点的把握,学习有感情地吟咏、诵读作品,在古典诗歌音乐美的熏陶中,深刻理解蕴涵的情感。

教学目标

1.分析边塞诗的多重主题,把握诗歌中典型人物形象的特征,揣摩诗歌精湛的语言。

2.通过诵读,感知作者的复杂情感,体会边塞诗深广的社会意义,感受高适独特的人格魅力。

教学重难点

教学重点:通过对诗歌中典型人物形象的分析,对诗歌精湛语言的揣摩,分析《燕歌行》的多重主题。

教学难点：通过诵读，感受诗中的"金戈铁马之声，有玉磬鸣球之节"，感知作者的复杂情感，体会边塞诗深广的社会意义。

课堂在线

一、温故知新

今天我们要一起走进盛唐的边塞，那里有"大漠孤烟直，长河落日圆"，有"忽如一夜春风来，千树万树梨花开"。一声声雄浑的军号，吹得历史都热血沸腾。在那里，有这样一群边塞诗人，他们视野开阔，胸怀激荡，有着一往无前的英雄主义精神，他们唱出了时代的最强音，是古代诗坛上绝无仅有的奇葩，亦是后世诗人可望而不可即的高峰。

接下来，就让我们一起走近边塞诗人的代表人物高适，走进被称为边塞诗"压卷之作"的《燕歌行》。

二、知人论世

高适，字达夫，唐朝时期大臣、唐代边塞诗派代表作家，因为他曾经担任过刑部侍郎、左散常侍，所以世称"高常侍"。高适的诗对边塞诗派的发展有着重要的作用，他写边塞，苍茫而不凄凉，赋送别，荒渺而不凄切，皆摆脱前人的窠臼，开一代诗风。他与另一位著名的边塞诗人岑参合称为"高岑"，与岑参、王昌龄、王之涣合称"边塞四诗人"。高适的诗以厚重深沉著称，南宋诗论家严羽在《沧浪诗话》中就曾评论他的诗歌说："高岑之诗悲壮，读之使人感慨。"

三、初读感知

1. 解题

前面我们学习夜归鹿门歌的时候讲过，像歌、行、（包括《李凭箜篌引》中的）引，都是古体诗的常见体裁，和近体诗相比，古诗的音节、格律一般比较自由，形式也可以有五言、七言、杂言等。

《燕歌行》是一个乐府旧题，常用来反映边地的征戍之苦和思妇的相思之情。历史上魏文帝曹丕、南北朝时期的诗人庾信都创作过同名的佳作，值得一提的是，曹丕的两首《燕歌行》被明代胡应麟评价为"开千古妙境"之作。

2. 理解诗前小序

学生活动：请同学们结合注解，阅读小序，了解一下这首诗的创作背景。

【明确】从诗序看，这是一首赠答友人的应和之作。元戎即当时的幽州节度使张守珪，因为在反击契丹侵扰的战斗中屡立战功，而拜为辅国大将军兼御史大夫。开元二十六年，张守珪的部将赵堪等人擅自假借张守珪的命令攻打契丹残余，先胜后败。张守珪隐瞒了真相，谎报战功，并且为其掩盖败绩，贿赂前去调查真相的人。但最终事情败露，被贬为括州刺史。高适从"客"处得悉实情，于是写下此诗以"感征戍之事"。这里的征戍之事也就不只局限于张守珪军中之事了，而且概括了一般的边塞战争。

3. 初读诗歌，感知大意

学生活动：学生朗读诗歌，要求认准字形，读准字音；正确断句，读出节奏。

本诗虽然是一首七言歌行，但是有些地方却有着律诗的特点。比如"杀气三时作阵云，寒声一夜传刁斗"，上下句平仄相对就是很严整的，七言歌行中参用律句，平仄相间，抑扬有节，有音调之美。所以有评论称高适这首诗中有"金戈铁马之声，有玉磬鸣球之节"。

学生活动：有评论说高适的《燕歌行》以浓缩的笔墨描写了一场战役的全过程，现在就请同学们结合注释，理解诗歌内容，给诗歌划分层次。

【明确】全诗以浓缩的笔墨，以时间为顺序，写了一场战役的全过程：第一层前八句写出征，着力烘托了出征时的气氛。第二层八句写战败，敌人来势凶猛，唐军伤亡惨重。第三层八句写被围，征人、思妇两地相望，重会无期。第四层八句写死斗，战士在生还无望的处境下，决心以身殉国。全诗各层之间，脉理绵密。

四、品读鉴赏

敌军入侵，汉唐将士带着毅然决然的气概和边塞豪情，离家参战。战士们本来在战场上就所向无敌，皇帝又特别给予他们丰厚的赏赐。接下来便是战事初开、金鼓震天、旌旗遮天蔽日，战端一起，"校尉羽书飞瀚海"，一个"飞"字我们就看出了军情的危急；"单于猎火照狼山"，出征的将士们没有想到"残贼"竟有如此的威势。从辞家去国到榆关、碣石，再到瀚海、狼山，八句诗概括了出征的历程，逐步推进，气氛也从宽缓渐入紧张。

学生活动：请同学们赏析诗歌二、三、四层，同时，也请思考这个问题：诗歌中主要刻画了哪些人物形象？他们各自有着怎样的特点？

【明确】诗歌二、三、四层主要刻画了战士、将领和思妇这三类人物形象。现在我们分别来分析：

先看重点写战士的诗句。山河荒芜、边土凄凉满目，战士们奋力迎敌，昏天黑地、不辨生死，孤城一片、落日之中，战卒们越打越少。"战士军前半死生、孤城落日斗兵稀"这两个句子，让我们看到了战士们的奋勇杀敌和不怕牺牲。被围住的士卒身穿铁甲，守着边远疆场，远宿蓟北，只能不停地回头张望。他们久戍不归，思乡情切。"相看白刃血纷纷，死节从来岂顾勋？"在鲜血纷飞的惨烈搏杀中，这些伟大的士兵们，与敌人短兵相接、浴血奋战，从来都不是为了求取功勋。这种不图名利，誓死报国的精神正是战士们最令人动容之处。

战士们视死如归、报效国家，那带兵打仗的将领们又是什么样子的呢？我们来看诗中重点写将领的诗句："美人帐下犹歌舞，身当恩遇常轻敌。"战士们奋力迎敌，将领们却远离阵地、纵情声色、贪图享乐，深受国恩，当思报国却恃宠轻敌，如今边塞力尽、举目穷愁却不能解兵急之危。无数战士的生命就这样白白地没入黄土。除了直接写将领的诗句以外，诗歌的结尾，诗人还写了这样两句："君不见沙场征战苦，至今犹忆李将军！"要分析这两个句子，就要先来了解一下"李将军"。这里的李将军是西汉威镇北边的"飞将军"李广，他处处爱护士卒，史书中记载，李广带兵，到了粮食紧缺时，"见水，士卒不尽饮，广不近水；士卒不尽粮，广不尝粮"，所以士卒都"乐为之死"。此处，战士们追念爱护士卒的李将军，即从从侧面表现了现在将领们的享乐腐化、不恤士卒的恶行。从汉到唐，悠悠千载，边塞战争不计其数，驱士兵如鸡犬的将帅数不胜数，备历艰苦而埋尸异域的士兵，以千千万万计！诗歌以李广为终篇，意义深远。

按常理说，描写战争中的人物，写到将领和战士就够了，那诗人为何还要写思妇呢？我们再来看一下诗歌中写思妇的句子——"箸应啼别离后、少妇城南欲断肠"。战士们在边远疆场，而家中的思妇泪水如注。他们在丈夫远去之后，只能独自悲啼断肠。书写普通人的痛苦更能表现对将领的深刻谴责。士卒望乡，思妇怀远，是边塞诗歌最常见的表现形式之一，但这并不是游离战争之外的泛写，而是通过普通人的两地相思表达对战争的控诉。

于是，在整首诗中，我们看到，一是久戍不归，思乡情切但却不怕牺牲、不图名利依然奋勇杀敌的战士和家中悲啼断肠却不得相见的思妇，另一边却是恃宠轻敌、贪图享乐、不恤士卒的将领，战争的结果可想而知。正是在这样的对比中，诗人对浴血苦战的士兵寄予深切同情和歌颂，同时，也对腐败无能且不恤士卒的将领进行了无情的谴责和抨击，也让我们看到了大唐盛世下军中苦乐不均的残酷现实。

高适的《燕歌行》，打破了同一题材中大多写征夫思妇的缠绵相思的格局，突出表现战士英勇的气概和悲壮的情绪，同时具有批判的意味，把"燕歌行"这一古题提升到了新的高度。

知识总结

《燕歌行》是盛唐边塞诗歌的标杆之作，也是高适诗作的"第一大篇"。从王昌龄的"秦时明月汉时关"，到王之涣的"黄河远上白云间"，再到高适《燕歌行》，及后来岑参的《白雪歌送武判官归京》，我们沿着这条脉络可以看大致清楚盛唐边塞诗人的心胸与风采。

学生活动：请同学们结合以前所学过的边塞诗作，总结边塞诗歌的基本知识。

【明确】

边塞诗常见形象：人物形象有戍卒、将帅、胡人、思妇；常见的自然景观有黄沙、白云、冰川、雪山、落日、明月；诗中出现的地名往往是塞外、雁门、漠北、玉关、黄河、羌笛、胡笳、琵琶、战马这些带着浓重异域色彩的风物也会经常在诗中出现。

边塞诗常见的思想内容：边塞诗是边塞生活的艺术反映，其思想内容极其丰富，我们可以从戍边战士、思妇和作者，也就是旁观者这三个常见的视角来进行总结。从战士的角度，渴望建功立业、报效国家的豪情是最重要的情感，此外，还反映塞外戍边生活的单调艰辛、连年征战的残酷，有时也有离乡背井的痛苦、无限的乡愁等。思妇主要是对远方征戍之人的思念，从而表现战争给人民带来的苦难。而我们的作者，常常会对边地绝域的奇异风光和民风民俗进行描写，往往也会站在旁观者的角度，控诉战争的罪恶，对统治者黩武开边、将军贪功起衅表达自己的不满与批判。

此外，唐代的边塞诗还有非常浓郁的汉代情结：以汉代唐，出征的军队称为汉兵，将领称为汉将，边塞称为汉塞，就连天上的月亮也称为汉月。不仅如此，提及周边少数民族时，也往往沿袭汉代的称谓，将他们称为匈奴，把其首领称为单于。在称颂战地英雄时，也常常提到的汉代的霍去病、李广、班超、马援等，以呼唤英雄精神的回归。这种汉代情结既是对历史的继承，又是对历史的超越。

课堂总结

　　我们纵观高适的《燕歌行》，里面固然有对当时带兵将领的无能与昏庸的深刻批判，但是他的字里行间，更多的是对士卒生命的悲悯。由此也寄予着一种人生的期许与期望，希望能有李广那样的将军，能带着那些爱国的志士们为国杀敌，哪怕战死沙场也在所不惜。这其实也是高适自己对自己人生的规划与期望。高适写作这首诗的时候，还只是穷困潦倒，一文不名的小人物。可他却已然怀揣着这种理想，一直努力地走在人生路上。

　　高适是历来被称颂的大器晚成的典型。高适生于长安，出身贫寒，后来流落宋城，躬耕自给。开元年间，年轻的高适曾北游幽燕之地，却终至无成。后来远赴长安应举却频频落第，一直到四十六岁，高适才应有道科而中第，授封丘尉，却因"拜迎长官心欲碎"而愤然辞职。殷璠《河岳英灵集》里曾评高适，说他"多胸臆语，兼有气骨"。所以从高适的诗中，我们即可见他人生志向。虽然人生不得志，高适却在《别董大》里吟出了"莫愁前路无知己，天下谁人不识君"这样的千古名句。

　　后来"安史之乱"突然爆发，天下大乱，已年过五十的高适却迎来了人生转机。唐玄宗与唐肃宗都发现了高适的才能，并破格重用他。高适秉持心中的志向，常思报国，常思为民请命。后来他就像自己《燕歌行》诗中所云，爱惜士卒，带兵平乱，努力成为自己至今犹忆的李将军。在乱世之中，一展文韬武略，收安邦定国之功。大器晚成的高适，历任刑部侍郎，又任淮南节度使、剑南节度使等职。其因功勋卓著，加封为银青光禄大夫，官至渤海县侯，是唐代诗人中唯一封侯的一代文学宗师。

　　高适以自己人生的坚持与努力，终于成就一代文人侠士的传奇。就是因为他对理想不放弃，对普通的生命有着悲悯与怜爱，又对现实有着清醒的认识与深刻的认知，所以写出了《燕歌行》的高适，才能在数十年后，终于把理想变成现实！

希望高适的经历与品格也能给我们的人生带来更多的启发。

课后作业

岑参是与高适齐名的盛唐边塞诗人，岑参的《白雪歌》《轮台歌》等诗作传诵古今，你觉得两者的诗风有什么区别？

【明确】岑参的《白雪歌》《走马川》《轮台歌》等也是盛唐边塞诗的名篇，与高适《燕歌行》相比，岑参诗更善于抓住边塞地区的特有景色来进行描写，尤富奇思奇语。如《白雪歌送武判官归京》"北风卷地白草折，胡天八月即飞雪。忽如一夜春风来，千树万树梨花开。散入珠帘湿罗幕，狐裘不暖锦衾薄。将军角弓不得控，都护铁衣冷难着"。而高适的《燕歌行》则描写了征战生活的各个方面，内容极为复杂，笔触错综交织，把荒凉绝漠的自然环境，如火如荼的战斗气氛，士兵在战斗中复杂变化的内心活动，诗人强烈的爱憎感情融合在一起，形成了全诗雄浑深广、悲壮激昂的艺术风格。

板书设计

边塞一曲声悲壮

——高适《燕歌行》

战士：奋勇杀敌　誓死报国　久戍不归　思乡情切 ┐

将领：贪图享乐　恃宠轻敌　不恤士卒　　　　　　├ 对比

思妇：悲啼断肠 ┘

于反常处见精神 ①

——苏轼《定风波·莫听穿林打叶声》

核心问题

　　《普通高中语文课程标准（2017 年版）》在"课程目标"中提到"学会鉴赏文学作品，能感受形象，品味语言，领悟作品的丰富内涵，体会其艺术表现力，有自己的情感体验和思考，受到感染和启迪。努力探索作品中蕴含的民族心理、时代精神，藉以了解人类丰富的社会生活和情感世界"。此外，在"学习任务群 5 文学阅读与写作"中也提出"根据诗歌、散文、小说、剧本不同的艺术表现方式，从语言、构思、形象、意蕴、情感等多个角度欣赏作品，获得审美体验，认识作品的美学价值，发现作者独特的艺术创造"的学习目标和内容。本课的教学任务是进行诗词鉴赏，在教学设计中，意图通过课堂活动引导学生从对词语言的解读，对形象的感受，对情感的理解，探究艺术手法等角度来鉴赏诗歌，从学习和探索中感悟词人豁达的胸襟和超然的人生态度。

　　《定风波》是人教版新课标高中语文必修四第二单元的第二课——《苏轼词两首》中的第二首。根据《普通高中语文课程标准（实验）》的要求，人教版高中语文必修 4 包含"阅读鉴赏""表达交流""梳理探究""名著导读"

---

① 本篇由贵阳市第三实验中学马臣荦老师设计。

四个板块。其中，"阅读鉴赏"板块的学习，要求学生通过诵读、分析、鉴赏，进入审美的境界。

学习《定风波》一词，有利于学生掌握诗词鉴赏方法，提高学生对古典诗词的鉴赏能力，感受中华文化，陶冶性情，追求高尚的人生旨趣。

在这一课中，学生应进一步学习"炼字"，了解诗词语言的精妙之处。还可以了解"反常合道"的手法，多角度对诗歌进行阅读鉴赏。

教学目标

1. "知人论世"，了解苏轼的人生经历及其创作，立体全面地认识苏轼。
2. 学习掌握"炼字""反常合道"等鉴赏诗词的方法，理解词人复杂的心情，体会词人所表现出来的积极乐观、豁达超脱的胸襟。
3. 体悟词人"也无风雨也无晴"豁达豪迈的人生哲理。

教学重难点

1. 从词句入手，运用替换法，体会炼字炼句的妙处，进而把握作品的意境和情感。
2. 通过小组合作探究，发现词句的反常之处，并从中探寻词句中蕴含的作者深刻的思想情感。
3. 感悟宋词艺术，理解苏轼在本词中体现的豁达的思想和超然的人生境界。

课堂在线

一、情境导入

有一位词人，面对当年自己的画像，抚今追昔，感慨万千，以自嘲的口吻，抒写平生到处漂泊，连续遭贬。他说："心似已灰之木，身如不系之舟。问汝平生功业，黄州惠州儋州。"

如此人生，苏轼应该很绝望了吧。可是，当他被贬黄州时却写道："长江绕郭知鱼美，好竹连山觉笋香。"贬到惠州时他又感叹："日啖荔枝三百颗，不辞长作岭南人。"贬到儋州时他感慨："九死南荒吾不恨，兹游奇绝冠平生。"

从刚刚那些诗句中，我们可以窥见苏轼是一个怎样的人？

今天，我们来学习他的这首《定风波》，看看他是如何平定内心的那场"风波"的。

二、新课讲解

（1）小序明义

①请大家朗读这首词，初步体会这首词的内容。

②请大家阅读小序，并填写以下表格。

时间	
地点	
人物	
事件	
人物感受	

【明确】

时间	1082 年 3 月 7 日
地点	沙湖道中
人物	同行、余
事件	雨、已而遂晴
人物感受	同行皆狼狈、余独不觉

　　写作背景补充：这首记事抒怀之词作于宋神宗元丰五年（1082年）春，是苏轼因"乌台诗案"被贬为黄州（今湖北黄冈）团练副使的第三个春天。词人与朋友春日出游，风雨忽至，朋友深感狼狈，词人却毫不在乎，泰然处之，吟咏自若，缓步而行。

　　③思考：看小序词人给我们的第一印象是怎样的？

　　（1）炼字寻情

　　请根据对这首词的理解，不看书，选择合适的词语填空，并说明原因。

　　（　　）穿林打叶声

　　A. 不听　　　　　　　B. 莫听

　　【明确】选择"莫听"。"不听"是运用自身意志力跟雨声对抗，而"莫听"是一种置之不理、气定神闲的状态。"莫听"一词，更能体现苏轼在风雨中的淡定和从容。

　　（　　）吟啸且（　　　）

　　A. 何妨　　　　　　　B. 不妨

　　A. 缓行　　　　　　　B. 徐行

　　【明确】"何妨"用反问的语气表示"不妨"，显得更加的俏皮，有挑战环境的主观色彩，而"不妨"则显得比较平淡。"缓行"只指物理上的速度缓慢，而"徐行"更是一种心理上的潇洒闲适，从容不迫。

　　竹杖芒鞋轻（　　　）马

　　A. 胜　　　　　　　　B. 过

　　【明确】"胜"意为"胜利""战胜"，更有一种战胜、超越的意味。"过"则只是客观上的"超过"。

　　（　　　），一蓑烟雨（　　　）平生。

　　A. 不怕　　　　　　　B. 谁怕

　　A. 任　　　　　　　　B. 随

　　【明确】"谁怕"，用反问的语气，表现了向风雨挑战的倔强，无所畏惧，而"不怕"则没有这种意味。"任"，写出了苏轼在人生风雨中却能处之泰然。

"随"有随波逐流的被动色彩，而"任"是主观的意愿，更能体现苏轼的潇洒个性。

三、反常合道

①手法介绍

苏轼在《书柳子厚〈渔翁〉诗》中说："诗以为奇趣为宗，反常合道为趣。"这样的诗歌创作理论又为我们指出了一条解读诗歌的有效通道，那就是——于反常处见精神。许多诗人在创作时，常采用"反常合道"的表现手法，"奇趣"就是一种特别的情趣和魅力。诗中如何获得此种"奇趣"？东坡以为重要的途径就是"反常合道"。所谓"反常合道"，简言之，就是以违背常识的意象，表述合情合理的内涵。作品中表现出来的不合常理的事情，或任务不同于常人的行为、情感，却恰恰合乎了某种道理或人物的某种性格。咀嚼这些反常的地方，诗意自然流淌出来。

【明确】例如，"可怜身上衣正单，心忧炭贱愿天寒"（《卖炭翁》）。天寒地冻，正常情况都是希望能够衣衫厚实，抵御严寒。而作者却说"愿天寒"，表达了卖炭翁谋生的困苦，通过他的遭遇，深刻地揭露了"宫市"的腐败本质，对统治者掠夺人民的罪行给予了有力地鞭挞与抨击，讽刺了当时腐败的社会现实，表达了作者对下层劳动人民的深切同情，有很强的社会意义。再如，"力尽不知热，但惜夏日长"（《观刈麦》）。炎炎夏日，精疲力尽却不躲避烈日，反而珍惜夏日天长。一个"惜"字，用一种违背人之常情的写法来突出人们此时此地的情感烈度，表达了作者对农民的艰苦生活的同情，以及对朝廷的不满。

②找出本词中不合常理的地方，填写下列表格，说说其中蕴含的情感，并谈谈自己的理解。

```
            ┌─────────────────┐
            │                 │
            └─────────────────┘

┌───────────────┐   ┌───────┐   ┌───────────────┐
│               │   │ 反常  │   │               │
│               │   │ 合道  │   │               │
└───────────────┘   └───────┘   └───────────────┘

            ┌─────────────────┐
            │                 │
            └─────────────────┘
```

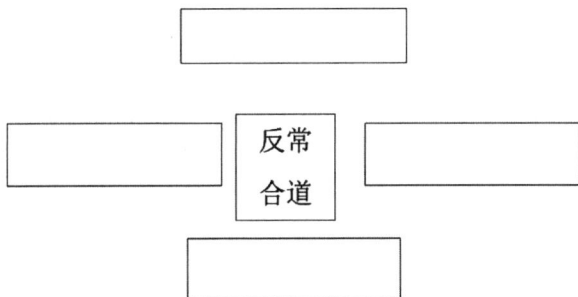

【明确】几处不合理的地方：

"疾风骤雨独不觉"

"竹杖芒鞋轻胜马"

"雨具先去何来蓑"

"也无风雨也无晴"

疾风骤雨之中，正常人的反应应该是手忙脚乱，但是在"同行皆狼狈"的情况下，苏轼在风雨之中却"余独不觉"，体现了作者在风雨中我自岿然不动的淡定情感。

"竹杖芒鞋"正常情况下不可能比"马"更轻快，同时，"竹杖芒鞋"也是贫民的象征，而"马"则是权贵的象征。体现了作者认为闲散江湖胜过奔波官场的情感。

既然"雨具"先去，又何来"蓑"呢？通过这一组矛盾，表明"蓑"并非实物，而是心中之"蓑"，是内心抵抗风雨的强大力量。

在这首词中，既下过雨，也有天晴，但作者却说"也无风雨也无晴"。这恰好体现了作者在历经人生风雨后宠辱皆忘，超然于物外的一种精神感受。

三、课堂小结

本词记叙了词人与朋友春日出行，途中偶遇风雨，同行之人深感狼狈，词人却毫不在意，泰然处之，镇定自若，缓步徐行的事件。这首词塑造了一个拄着拐杖，穿着草鞋，顶着风雨，却吟啸自若，镇定从容，缓步徐行在山野之中的旷达乐观的人物形象。表现出词人旷达超脱的胸襟，以及寄寓着超凡脱俗的人生理想。

布置作业

1. 背诵全词
2. 对比阅读

约　客
◎ 赵师秀

黄梅时节家家雨，青草池塘处处蛙。
有约不来过夜半，闲敲棋子落灯花。

三衢道中
◎ 曾纡

梅子黄时日日晴，小溪泛尽却山行。
绿阴不减来时路，添得黄鹂四五声。

A：简略分析"闲敲棋子落灯花"中"敲"和"落"两个动词的妙处。

【明确】"敲"这一动词是无意识的动作，生动形象地写出了作者等客不至的无聊与牵挂，同时"敲"字响亮，带有乐感，更突出了夜深人静，突出了诗人等客之久。"落"是掉落，灯花是指油灯的灯芯燃后结成的圈状物，灯花落了下来，可见夜已经很长了，等的时间十分漫长。"落"这一个动词，以小细节突出了主题"约客不至"，细腻而精准，生动形象。

B：两首诗同为梅雨时节所作，表达了诗人怎样不同的情感？

【明确】《约客》一诗表达了诗人约客未至的怅惘心情；《三衢道中》一诗在时常下雨的黄梅时节说"梅子黄时日日晴"，流露了诗人对自然山水和对平淡生活的热爱。

☺ 板书设计

雨前东坡——身世坎坷的漂泊者

雨中东坡——笑对自然风雨的达者

雨后东坡——看破人生晴雨的智者

文言文阅读中的"一词多义"

核心问题

　　语言文字是人类社会最重要的交际工具和信息载体，《普通高中语文课程标准》（2017 年版 2020 年修订）中"语言积累、梳理与探究"任务群的学习目标：培养学生丰富语言积累、梳理语言现象的习惯，在观察、探索语言文字现象，发现语言文字运用问题的过程中，自主积累语文知识，探究语言文字运用规律，增强语言文字运用的敏感性，提高探究、发现的能力，感受汉语言文字的独特魅力，增强热爱祖国语言文字的感情。

　　在文言文阅读中，能够梳理文言词语在不同上下文中的词义和用法，把握古今汉语词义的异同，沟通古今词义的发展关系，避免用现代意义理解古义，对学生准确理解中华优秀传统文化作品有着重要作用。

　　本设计就以学生熟悉的文言文本为例，和学生一起探究文言文阅读中"一词多义"的语言现象。

教学目标

　　1. 了解文言文中的"一词多义"现象，了解词的本义、引申义、比喻义和假借义。

　　2. 能够分析归纳出一词多义各个义项间相互联系的规律，理解现代汉语和古代汉语词义间继承与发展的关系，提高对词语的感悟力，获取语言运用的能力，从而更好地把握文本。

3.能够理解古今词义的传承关系，词语本义到引申义的发展过程，完善多个义项间相互联系的规律，并能在具体的语境中使用规律理解词义，提高阅读理解能力。

4.通过学习，能够激发对汉字的热爱之情，养成勤于思考、乐于探究的好习惯。

教学重难点

教学重点：通过梳理、分析一词多义以及多个义项间的来源、关系，发现词义之间引申的规律，归纳在具体的语境中准确理解词义的基本方法。

教学难点：学以致用，能够在具体的语言情境中推测词义，准确理解文本。

课堂在线

一、课程导入

大家都知道，要想读懂文言文，就必须积累大量的文言实词，这些实词都会有不同的义项，很多义项还和现代汉语有很大出入，死记硬背的方式不可取。但是如果仔细观察，就会发现这些词语的不同义项之间一般都会潜藏着某些关联，如果能探寻出这种关联，将对我们理解和掌握这些重点实词，提高文言文阅读水平大有裨益。

二、基本知识

要想找到这样的关联，我们就要先从一词多义的概念入手。

所谓一词多义，指的就是一个词具有几个互相关联的意义，在古今汉语中都有。在文言文中，由于单音词居多，所以一词多义的现象更为普遍。把握一词多义，我们要先了解一下词的本义、引申义、比喻义和假借义这几个概念。其中，最重要的是词的本义和引申义，我们就先来看这两种。

本义，指最初造字时表示的意义。而引申义指的就是由本义引申出来的意义，它与本义相类似、相对立或相关联。

比如我们来看一个字——朝。我们来看"朝"的古字，字形就像是日出草木之中而月还未落的样子，所以它的本义是"早晨"，早晨是大臣朝见国君的时间，故由"早晨"引申为"朝见"；朝见的地方也叫"朝"，故引申为"朝廷"；朝廷再引申为"朝代"。这就是词语的本义和引申义。

| 甲骨文 | 小篆 | 康熙字 | 楷体 |

三、规律探寻

词语意义的引申不是随意和自由的，而是遵循一定的方式，主要有以下两种：

一种是链条式引申，本义和引申义环环相扣，逐步延伸开。比如我们刚刚我们讲过的这个朝字。早晨—朝见—朝廷—朝拜；再比如这个兵字，兵器—士兵—军队—战争—军事。

| 甲骨文 | 金文 | 小篆 | 康熙字 | 楷体 |

　　还有一种是辐射式引申，引申义环绕本义中心，而从不同的方面展开。比如厚字，本义为山陵土地积土多，由此就引申出：①在物体上，指"厚度大"。②在赋税、礼物、赏赐等义上，指"重""深"，比如准备了一份厚礼。③在为人上，指厚道，不刻薄，《过秦论》里就有"明智而忠信，宽厚而爱人"。④在味道上，还可以指"醇厚、味道浓"等。这两种引申就是词义引申最重要的两种方式，引申大都有从个别到一般，从具体到抽象的特点。有时候有些词语的引申会把这两种方式综合起来使用，有些词语在引申的过程中其读音也会变化，还有一些词语随着语言的发展，其本义会慢慢消失，我们熟悉的反而是它的引申义了。了解词义引申的方式，会帮助我们去掌握更多的重点实词的义项。

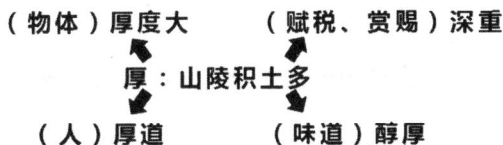

（物体）厚度大　　　　（赋税、赏赐）深重
厚：山陵积土多
（人）厚道　　　　（味道）醇厚

学生活动一：请同学说出下列句中划线词语的含义。

①舍相如广成传。

②相如奉璧奏秦王。秦王大喜，传以示美人及左右，……

③师者，所以传道授业解惑也。

④师道之不传也久矣。

⑤六艺经传皆通习之 。

【明确】

①舍相如广成传。（招待宾客的馆舍）

②相如奉璧奏秦王。秦王大喜，传以示美人及左右，……（传递）

③师者，所以传道授业解惑也。（传授）

④师道之不传也久矣。（流传）

⑤六艺经传皆通习之。（古代解释经书的著作）

　　通过这个小练习，大家就可以看到"传"字一词多义的用法。"传"本义是驿站，古人设置驿站来传递信件及物品，以此引申为动词"传递"，又引申为动词"通过中介传递信息"，就有了传授、流传，包括"古代解释经书的著作"的义项也由此引申而来。

　　把握了词语的引申特点以后，我们在积累实词的义项的时候就可以多多发挥我们的联想能力，对这些词语的义项进行串记。比如，盖，原为茅草编织物，用来盖屋或遮蔽身体，引申出一般的器物的盖子和车盖，作动词时就有了"遮蔽、掩盖"之义，把别人"盖"住自然就是"胜过、超过"别人了。再比如，"过"的本义是"走过，经过"。"走过"自然就是"超过"了别人，做事"超过"太多会变成"过分"，物极必反，事情做得"过分"容易出现"过错"，出错当然就会被"责备"。

盖：茅草编织物 ➡ 盖子 ➡ 遮蔽、掩盖 ➡ 超过

过：走过 ➡ 超过 ➡ 过分 ➡ 过错 ➡ 责备

　　这两个是连锁式的，我们再来看一个辐射式的："穷"的本义是"阻塞不通"。仕途上不通，则是"不得仕进，不能显贵"；生活上"阻塞不通"，则是"生活困难，无依靠"。"阻塞不通"之处，往往都是边远之地，当然就是"到尽头"了。对一件事情刨根问底到尽头，自然就是寻根究源，也可以虚化为程度副词"极，尽"。

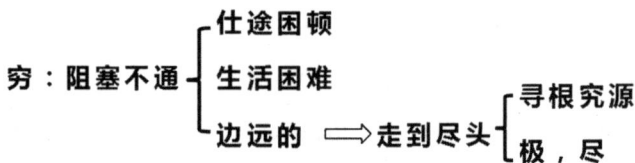

```
              ┌ 仕途困顿
穷：阻塞不通 ┤ 生活困难              ┌ 寻根究源
              └ 边远的  ⟹ 走到尽头 ┤
                                      └ 极，尽
```

　　除了词语的本义和引申义以外，我们现在再来简单地了解一下词的比喻义和假借义。

比喻义，用比喻的方法形成的词义。如：爪牙，动物的尖爪和利牙，比喻义指武将，也可以指辅佐的人，现代汉语里面比喻义为坏人效力的人。这就是词语的比喻义。

再看假借义，假借义指一个汉字被借为别的字而出现的与原义无关的意义。假借义的情况比较复杂，我们这里只说其中的假借字，也就是通假字。通假字也是古汉语当中一种比较常见的语法现象，根据其特征往往有下面这些分类：

1. 同音通假（占通假的大多数），如："终老不复取（娶）。"

2. 形近通假（字形相近），"将军身被（披）坚执锐。"

3. 双声通假（声母相同），"莫（暮）春者，春服既成。"

4. 叠韵通假（韵母相同），"举酒属（嘱）客。"

文言文中的通假涉及面广，但中学课文所涉及的并不多，大家如果依据通假字的特点去归类整理，平时多积累一些常见的通假字，这个部分并不难突破。

掌握了一定的积累技巧以后，就可以按照这样的思路去梳理重点实词的梳理。但是，要想准确地翻译出每一个词语的意思，有一点就一定不能忽略，那就是语境意识（即结合上下文来理解语言所处的情境）。上下文对词义具有制约和提示作用的，一般说来，不管一个词有多少义项，在具体的语境中只能有一个确定的含义。而且有时候我们在阅读的时候还会遇到一些生疏词语，这时，结合语境的推断能力就显得非常重要了。必要的知识储备只有与较强的语境推断能力结合起来，才是"理解常见实词在文中的含义"的关键。

学生活动二：请同学们解释一下其中划线字的含义，看看每一组都有着怎样的特点。

第一组

①饱、饥、饿、馁、馑　　　　②说、讽、讥、谤、谏

第二组

①不积跬步，无以至千里；不积小流，无以成江海。

②灭六国者六国也，非秦也；族秦者秦也，非六国也。

③忠不必用兮，贤不必以。

【明确】

第一组：饱、饥、饿、馁（饿）、馑（农作物歉收，缺乏食物）均与饥饱有关。说、讽指下级对上级以委婉曲折的言语进行规劝；讥指旁敲侧击地批评、进谏、规劝；谤指公开指责别人的过失；谏指规劝君主、尊长或朋友，使其改正错误或过失。这些字都与劝说有关。

这里大家就可以看到了，相同偏旁的词语其意义上往往会有一些相似性。比如，禾旁大多与五谷、农事有关，贝——金钱、皿——器具、纟——丝麻，等等。这是因为汉字属于表意体系的文字，形声字占80%以上，它们的形旁会给我们推断词义带来有利的条件。这就是我们推断词义时最常用的方法——观字形。

第二组：不积跬步，无以至千里；不积小流，无以成江海。（"跬"与"小"对应，从足即推断为小步，半步）

灭六国者六国也，非秦也；族秦者秦也，非六国也。（族字义同灭字）

忠不必用兮，贤不必以。（以，对应"用"，被任用）

古人行文常讲究对称，处于对应位置的词语往往在意义上有相同、相近或相反、相对的特点，我们可据此进行判断，这就是第二种方法——依对举。

除了这两种方法以外，我们还可以根据词语在句中的语法地位来推断，这就是"循语法"。同时，在本义和引申义都翻译不通的时候，我们还可以考虑它是否是常见的通假字——"明通假"。

除此之外，在有了一定的积累以后，我们还有一个方法——"善联想"。遇到理解不了的词语的时候，可以结合前面讲过的词义引申的两种方式进行词义联想，也可以联想教材的类似的知识点，还可以联想我们学习文言文的好帮手——成语。

学生活动三：请同学们解释下列成语中划线字的含义，并说一说成语的意思。

不足为<u>训</u>　　久<u>假</u>不归　　细大不<u>捐</u>

屡试不<u>爽</u>　　不<u>刊</u>之论　　<u>危</u>言<u>危</u>行

【明确】

不足为训（训：范例或法则。不能当作范例或法则。）

久假不归（假：借。原指借仁义的名义而不真正实行，后指长期借用而不归还。）

细大不捐（捐：抛弃，小的大的都不抛弃，形容所有东西兼收并蓄。后来的捐献之意由此引申。）

屡试不爽（屡次试验都没有差错。爽：差错的意思。）

不刊之论（刊：削除，修改。比喻不能改动或不可磨灭的言论，用来形容文章或言辞的精准性。）

危言危行（危：端正的，正直的。说正直的话，做正直的事。）

理解了这些成语以后，大家可能会发现，这些成语恰恰都是容易让人望文生义的成语，所以大家复习的时候，把文言和成语进行相互参照，互为补充，往往可以得到不错的效果。

拓展阅读

学生活动四：请同学们结合语境，解释下列语段中划线词语的含义。

1. 屈原德高，作《楚<u>辞</u>》，其<u>辞</u>美，子兰欲以叛国之<u>辞</u>除之。屈原曰："死且不<u>辞</u>，何惧之有？"后为楚王所逐，<u>辞</u>亲戚，见放楚之汨罗。

2. 古有一男子，才貌俱佳，官至三品，遭人嫉，被贬。心忧，酒醉，不<u>胜</u>杯杓。至<u>胜</u>地，仍不能<u>胜</u>心忧，遂发愤，立志定当<u>胜</u>于前。怎奈天不遂人意，屡受挫折。其心之愤，何可<u>胜</u>道也哉！

【明确】

1. 屈原德高，作《楚辞（古代的一种文体）》，其辞（文辞）美，子兰欲以叛国之辞（借口）除之。屈原曰："死且不辞（推辞），何惧之有？"后为楚王所逐，辞（辞别）亲戚，见放楚之汨罗。

2. 古有一男子，才貌俱佳，官至三品，遭人嫉，被贬。心忧，酒醉，不胜（能承受）杯杓，至胜（优美）地，仍不能胜（战胜）心忧，遂发愤，立志定当胜（超过）于前，无奈天不遂人意，屡受挫折，其心之愤，何可胜（尽，完）道也哉！

课堂总结

对于文言文阅读中的"一词多义"，我们可以理解利用词义引申的两种方式来展开联想，去积累文言文中常见的重点实词的义项。此外，在阅读实践中，我们还要结合语境，通过观字形、依对举、循语法、明通假和善联想的方法的综合运用，去提高我们的推断能力，从而提升我们的文言文阅读水平。

课后作业

请同学们解释下列成语中划线词语的含义，并积累成语。

①诚惶诚恐　开诚布公

②若即若离　稍纵即逝

③首当其冲　安步当车　锐不可当

④道听途说　安贫乐道　津津乐道　坐而论道

☺ **板书设计**

文言文阅读中的"一词多义"

观字形　　依对举

循语法　　明通假　　善联想

文言词类活用——名词活用

核心问题

　　《普通高中语文课程标准》（2017 年版 2020 年修订）在课程目标中明确提出，"积累较为丰富的语言材料和言语活动经验，形成良好的语感；在已经积累的语言材料中建立起有机的联系，在探究中理解、掌握祖国语言文字运用的基本规律；能凭借语感和对语言运用规律的把握，根据具体的语言情境和不同的对象，运用口头和书面语言文明得体地进行表达与交流；能将具体的语言文字作品置于特点的交际情境和历史文化情境中理解、分析和评价；通过梳理和整合，将积累的语言材料和学习的语文知识结构化，将言语活动经验逐渐转化为具体的学习方法和策略，并能在语言实践中自觉地运用"。

　　文言词类活用是文言文实词用法的组成部分，探究文言词语的活用规律，对于学生准确地理解文言语段，积累文言阅读经验，从而更好地对中华传统文化经典进行研习有着重要作用。本设计和学生一起探究文言词类活用中"名词活用"的语言现象。

教学目标

　　1. 理解文言文中词类活用的概念，把握词类活用的基本类型。

　　2. 能够分析归纳出名词活用的类型和基本规律，提升对词语的感悟能力。

3.能够在具体的语境中辨别名词活用并准确翻译,提高对文言语句的理解能力。

教学重难点

教学重点:

通过例句分析,归纳出名词活用的类型和基本规律。

运用规律,在具体的语境中辨别名词活用的类型并准确翻译文本。

教学难点:

学以致用,能够在具体的语境中辨别名词活用并准确翻译文本。

课堂在线

一、课程导入

从本部分开始,我们要进行的是文言文阅读板块知识点的复习。这个部分将主要从词法和句法两个方面进行梳理。词法方面,主要从"词类活用""一词多义"和"古今异义"三个方面展开,句法上则主要从特殊句式入手去整理。

二、概念回顾

下面,我们就先来对现代汉语的句子结构和基本句子成分进行一个简单的回顾。

现代汉语的句子结构,其基本类型是主谓句,结构就是主语部分 + 谓语部分这样的形式。用句子成分来表达的话,主谓句的主干为:主语 + 谓语 + 宾语。如果再加上修饰成分,就可扩展成:(定语)+ 主语中心词 +[状语]+ 谓语中心词 +(定语)+ 宾语中心词。这就是我们现代汉语中最常见的句子结构。

　　句子中的各类成分需要由不同词性的词语或短语来充当，它们的对应关系是这样的：主语、宾语由名词和代词来充当，谓语是动词、形容词，定语由形容词充当，状语则主要是副词和介词短语。

　　请同学们记住这里的现代汉语的基本句子结构以及各句子成分和词性的对应关系，后面我们在梳理词类活用、倒装句式等文言文语法知识点的时候都会经常用到它们。

　　接下来，我们先来回顾一下名词的语法概念。名词，就是表示人或事物及衍生名称的词，包括人物名词、事物名词、时间名词、方位名词，等等。名词基本语法功能是在动词前后分别作主语和宾语，前面可以加数量短语，一般不可以加副词。但是在古汉语中，在某些语境下，名词会临时改变其基本语法功能去充当其他词类成分的现象，就叫名词的活用。除了名词以外，文言文中主要还有动词和形容词的活用。

　　下面，我们就来看一个大家非常熟悉的名词活用的例子。

　　【例】"沛公军霸上，未得与项羽相见"。

——《鸿门宴》

　　这个句子中，沛公是人名，在句中做主语，霸上是地名，沛公怎样在霸上呢？答案是驻军霸上。这里的这个"军"字，本义是名词，指军队，但是在这个语境中，它充当了句子的谓语，这时就要活用为动词了。

　　名词的活用按照其用法的不同，一般可以作如下分类：一类是名词的一般活用，包括名词活用为动词与名词作状语两种用法；一类是名词的特殊活用，主要是名词的使动用法和名词意动用法。

三、温故知新

学生活动一：请同学们依据名词的活用类型，将下列句子中划线词语按照用法进行归类。

①晋<u>军</u>函陵　②有泉<u>侧</u>出　③始<u>舍</u>于其址　④赢粮而<u>景</u>从　⑤王无<u>罪</u>岁
⑥先破秦入咸阳者<u>王</u>之　⑦左右欲<u>刃</u>相如　⑧<u>道</u>芷阳间行　⑨<u>函</u>封之

⑩范增数目项王　⑪吾得兄事之　⑫天下云集响应　⑬吾从而师之

⑭君子博学而日参省乎己　⑮以故其后名之曰"褒禅　⑯顺流而东也

⑰假舟楫者，非能水也　⑱侣鱼虾而友麋鹿　⑲七十者衣帛食肉

⑳群臣吏民能面刺寡人之过者

【明确】

①名词活用为动词：晋军函陵　始舍于其址　王无罪岁　左右欲刃相如
道芷阳间行　范增数目项王　七十者衣帛食肉　以故其后名之曰"褒禅"
假舟楫者，非能水也　顺流而东也

②名词作状语：有泉侧出　赢粮而景从　道芷阳间行　函封之　吾得兄
事之　天下云集响应　君子博学而日参省乎己　群臣吏民能面刺寡人之过者

③名词使动用法：先破秦入咸阳者王

④名词意动用法：吾从而师之　侣鱼虾而友麋鹿

规律探寻

学生活动二：请同学们依据名词的活用类型，归纳文言文中名词的活用
规律。

【明确】

类型一：名词活用为动词

首先，我们可以从名词在句中担任的成分来看。

①名词连用。如果这两个词语不是并列修饰关系，而且句子中也没有谓
语，那我们就要考虑名词活用的情况了。如果二者是主谓关系，那么后面的
名词活用为动词。如果属于动宾关系，前面的名词活用为动词。（七十者衣帛
食肉）

②名词后紧接代词、处所名词、介宾结构的话，名词活用为动词。（晋军
函陵　始舍于其址　道芷阳间行　以故其后名之曰"褒禅"）

③名词前用"而"与动词或动词性短语相连接，名词活用为动词。（顺流而东也）

以上这三种情况都是从名词所担任的语法成分进行判断，我们可以叫"功能性判断"。除此之外，有时候名作动我们还可以从句中寻求一些标志词语进行判断。

④名词前有能愿动词（欲、能、愿、敢、肯等），即名词活用为动词。（左右欲刃相如　假舟楫者，非能水也）

⑤副词后的名词活用为动词。（王无罪岁　范增数目项王）

除了这两种常见的标志以外，还有一种名词活用的标志。那就是所字句。

⑥"所"之后的名词活用为动词。"所字结构"，是古汉语中常见的一种结构，他的构成形式是所＋一个动词，比如《兰亭集序》里的"向之所欣"，译为"原先所喜欢的东西"。因此，当"所"之后的直接跟的是一个名词的时候，我们需要把这个名词活用为动词。比如《陈涉世家》中，"乃丹书帛曰：'陈胜王'，置人所罾鱼腹中"，译为"把用丹砂写的有'陈胜王'的丝帛，放在别人所捕的鱼的肚子里"。这里的"罾"本来是一种方形的渔网，这里活用为动词，翻译为"捕"。

以上三种这种根据句中标志词语进行的判断，我们叫"标志性判断"。平时大家判断的时候可以把两种方法结合起来使用。

梳理完使用的规律以后，这里我们来看一下名词作动词用的两种常见的翻译方法：

第一种是替换法，就是用与名词意义相近的动词进行替换。

【例】左右欲刃（杀）相如　　假舟楫者，非能水（游泳）也

如果没有合适的词语进可以换的时候，我们可以考虑组词法，通过组词，将名词变为动词。

【例】晋军（驻军）函陵　　道（取道）芷阳间行　以故其后名（命名）之曰"褒禅"

类型二：名词作状语

名词作状语的规律比较明显，我们通过该名词在句中的位置来判断。充当状语的话，名词的位置是在主语之后，谓语之前，用来修饰、限制谓语，我们区分名作动还是名作状的一个重要的依据就是先看句中本身有没有谓语。下面我们一起来梳理其使用规律。

①时间名词和方位名词作状语。最常见的就是表示动作行为发生的时间和处所，可译为"在（从）……"。时间名词表示动作行为的频率的时候，可在时间名词加上一个"每"字即可。（有泉侧出　君子博学而日参省乎己）

②名词状语起比喻作用，表示动作行为的特征或状态，可译为"像……那样"。（天下云集响应　赢粮而景从）

③表动作行为所凭借的工具或所采取的方式依据。（函封之　道芷阳间行　群臣吏民能面刺寡人之过者）

④对人的态度，可译为"像对待……那样"或"当作……一样"。（吾得兄事之）

类型三：名词的使动用法

使动用法是文言文中重要的语法现象之一，是指谓语动词具有"使宾语怎么样"的意思，是用动宾结构来表达使令式的内容。使动用法表示主语使宾语在客观上产生某种动作行为，此时谓语表示的动作不是主语发出的，而是由宾语发出的。在文言文中，主要是由动词、形容词或名词来构成使动用法。

名词的使动用法，是指名词活用为动词后，使宾语所代表的人或物变成这个名词所代表的人或事物。

【例】先破秦入咸阳者王之

这里的"王"活用为动词，作谓语，"之"代"先破秦入咸阳者"作宾语。是宾语"之（先破秦入咸阳者）"成为王，具有了"王"的性质，所以"王"应理解为"使／封……为王"。这句话可以译为"先打败秦军进入咸阳的人，封他为王"。

我们再看两个句子：

"文王以百里之壤而<u>臣</u>诸侯"

——《毛遂自荐》

"齐威王欲<u>将</u>孙膑"

——《孙子吴起列传》

第一句中"臣"活用为动词，作谓语，"诸侯"作宾语。是宾语"诸侯"对文王称臣，具有了"臣"的性质，所以"臣"应理解为"使……称臣"。这句话可以译为"文王以百里的土地使诸侯称臣"。

第二句中的"将"活用为动词，作谓语，"孙膑"作宾语。是宾语"孙膑"成为主将，具有了"将"的性质，所以"将"应理解为"使／任用……为主将"。这句话可以译为"齐威王打算任用孙膑为主将"。

类型四：名词意动用法

意动用法也是文言文中重要的语法现象之一，是指将某些词用作动词来充当谓语，表示的动作属于主观上的感觉、看待或评价。意动用法也就是主语"认为（以为）宾语怎么样"或者"把宾语当什么"。通常可译为"认为……"、"以……为……"、"对……感到……"、"把……当作……"等。在文言文中，主要是由名词或形容词来形成意动用法。

名词的意动用法，是将名词用作谓语，把宾语所代表的人或事物，当作谓语所代表的人或事物去看待、评价。

【例】吾从而<u>师</u>之　<u>侣</u>鱼虾而<u>友</u>麋鹿

第一句中名词"师"作谓语，"之"作宾语，主语"吾"在主观上把"之"作为老师来看待。所以"师"应理解为"以……为老师"或"把……当作老师"。

第二句中名词"侣"和"友"作谓语，"鱼虾"和"麋鹿"作宾语，主语在主观上把"鱼虾"作为同伴来看待，把"麋鹿"作为朋友来看待。所以"侣"应理解为"以……为侣"或"把……当作侣"，"友"应理解为"以……

为友”或“把……当作友”。

文言今用

语言是鲜活的，会在人们的使用中不断发生改变，正是因为语言的这个特点，古汉语的语法才和我们现代汉语的语法有所不同。但是，我们中华几千年的文脉从未断过，它已经进入我们的血液，成为我们生活的一部分。

比如我们来看看这几个成语：

【例】能文能武　未雨绸缪　东张西望　左顾右盼

我们在说一个人既有文才，又通武艺的时候，我们会说这个人“能文能武”，这里“文”和“武”就是名作动，有文才，通武艺；要表达事先做好准备工作，预防意外的事发生的时候，我们会说“未雨绸缪”，“雨”，下雨，名作动；说这里那里到处看的时候我们会说“东张西望”“左顾右盼”，这里的“东西”“左右”都是方位名词作状语的用法。

到这里，大家应该发现了，成语作为汉语词汇中一部分定型的词组或短语，简洁明了，保留了一些文言词法或句法，是我们学习文言的好帮手。因此，积累一定量的成语，一方面可以帮我们突破语言文字运用中词语的使用这个难点，同时还能加深我们对文言语法的理解。必要时二者相互迁移，可以使我们的复习事半功倍。

学生活动三：请同学们找出下列成语中活用的名词并指出其活用类型。

不胫而走　衣锦还乡　汗牛充栋　草菅人命　马革裹尸

土崩瓦解　不毛之地　蜂拥而至　兵不血刃　鳞次栉比

【明确】

①名词用作一般动词的成语：不胫而走（胫，小腿，没有长腿却能跑，多指消息无声地散播）、衣锦还乡（衣，穿，富贵以后穿着华丽的衣服回到故乡）、不毛之地（不生长草木庄稼的荒地，形容某地荒凉贫瘠）

②名词用作状语的成语：马革裹尸（用马皮来……军人战死于沙场，形容为国作战，决心为国捐躯的意志）、土崩瓦解（像土崩塌，像瓦破碎一样，多指事物崩坏，不可收拾）、蜂拥而至（像一窝蜂似的拥来，形容很多人乱哄哄地朝一个地方聚拢）、鳞次栉比（像鱼鳞和梳子齿那样有次序地排列着，多用来形容房屋或船只等排列得很密很整齐）

③名词使动用法的成语：汗牛充栋（藏书很多，用牛运书，使牛都累得出汗了）、兵不血刃（未经战斗就轻易取得了胜利，使……染血，兵器上没有沾上血）

④名词意动用法的成语：草菅人命（草菅，野草，把……看作野草，任意残害人命）

习题演练

学生活动四：请同学们找出下面文段中的名词活用现象，并翻译文段。

项王笑曰："天之亡我，我何渡为！且籍与江东子弟八千人渡江而西，今无一人还，纵江东父兄怜而王我，我何面目见之？纵彼不言，籍独不愧于心乎？"

（节选自《史记·项羽本纪》）

【明确】这个文段选自《史记·项羽本纪》，是项羽在乌江自刎前说的一段话。文中有两处名词的活用现象，一处是"渡江而西"的"西"，名词作动词用，向西征战，和"顺流而东"中"东"的用法是一样的；另一处就是"纵江东父兄怜而王我"中的"王"字，是名词的使动用法，"使我为王"，和前面"先破秦入咸阳者王之"中"王"字用法一致。

【译文】项王笑着说，上天要让我灭亡，我为什么要渡河！况且我和江东八千子弟渡河向西征战，如今没有一个人回来。即使江东父老可怜我而使我为王，我又有什么脸面见他们呢？即使他们不说，我难道就不愧对自己的良心吗？

课堂总结

最后，我们来总结一下今天的学习内容：今天我们主要复习了名词的四种活用类型，一是名词的一般活用，包括名词活用为动词，名词作状语两种用法；二是名词的特殊活用，主要是名词使动用法和名词意动用法。希望同学们可以按照我们今天讲的方法去梳理教材中的名词活用现象，巩固这个知识点。

课后作业

请同学们找出下面文段中的名词活用现象，并翻译文段。

方其系燕父子以组，函梁君臣之首，入于太庙，还矢先王，而告以成功，其意气之盛，可谓壮哉！及仇雠已灭，天下已定，一夫夜呼，乱者四应，仓皇东出，未及见贼而士卒离散，君臣相顾，不知所归。至于誓天断发，泣下沾襟，何其衰也！岂得之难而失之易欤？抑本其成败之迹，而皆自于人欤？《书》曰："满招损，谦得益。"忧劳可以兴国，逸豫可以亡身，自然之理也。

（节选自欧阳修《伶官传序》）

【译文】当庄宗用绳子捆着燕王父子，用木匣装着梁王君臣的头颅，进宗庙，把箭交还先王，禀告报仇成功的消息的时候，他意气之盛，可以说是豪壮啊！等仇敌已灭，天下平定，一个人在夜间呼喊，叛乱的人四方响应，庄宗慌张向东逃跑，还没等见到敌人，官兵们就离散了，只剩下君臣互相瞧着，不知投奔哪里是好。到了剪断头发的地步，对天发誓，眼泪流下沾湿了衣裳，这又是多么衰败啊！难道真是得天下难而失天下易吗？或者推究他成功或失败的原因，都在于人为呢？《尚书》说："自满招致损失，谦虚得到好处。"忧患与勤劳可以使国家兴盛，贪图安逸享乐可使性命丧失，这就是万物的规律。（译文中横线对应处为名词活用现象）

☺ 板书设计

文言词类活用

名词活用常见类型

名词一般活用：名词活用为动词 　（名词作状语）

名词特殊活用：名词使动用法 　（名词意动用法）

文言特殊句式——定语后置

核心问题

　　语文学科核心素养是学生在积极的语言实践活动中积累与养成的，并在真实的语言运用情境中表现出来的语言能力及其品质；是学生在语文学习中获得的语言知识与语言能力，思维方法与思维品质，情感、态度与价值观的综合体现。主要包括"语言建构与运用""思维发展与提升""审美鉴赏与创造""文化传承与理解"四个方面。

　　"语言建构与运用"是指学生在丰富的语言实践中，通过主动的积累、梳理和整合，逐步掌握汉字特点及其运用规律，形成个体言语经验，发展在具体语言情境中正确有效地运用汉字进行交流沟通的能力。

　　在《普通高中语文课程标准》（2017 年版 2020 年修订）中"中华传统文化经典研习"任务群的学习目标与内容就要求学生能够梳理所学作品中常见的文言实词、虚词、特殊句式和文化常识，注意古今语言的异同。

　　积累文言文阅读经验，培养民族审美趣味，增进对中华优秀传统文化的理解，能够提升学生对中华民族文化的认同感、自豪感，增强文化自信，更好地继承和弘扬中华优秀传统文化。本设计的目的是和学生一起探究文言文特殊句式中"定语后置"的语言现象。

教学目标

1. 把握古今句式的不同，了解文言文特殊句式中"定语后置"现象。

2. 能够分析归纳出定语后置的常见类型，准确辨析古今句式的不同。

3. 能够在具体的语境中辨别定语后置句式并准确翻译，提高对文言文语句的理解能力。

教学重难点

教学重点：

通过梳理分析归纳出定语后置的常见类型，在具体的语境中辨别定语后置句式并准确翻译文本。

教学难点：

学以致用，能够在具体的语境中辨别定语后置句式并准确翻译文本。

课堂在线

一、课程导入

中华传统文化经典作品是中华优秀传统文化的重要载体，读懂这些作品，对我们培养民族审美趣味，增进对中华优秀传统文化的理解，提升对中华民族文化的认同感、自豪感，增强文化自信都有着非常重要的作用。但是，随着时间的流逝和语言的发展，古今语言在表达上也存在诸多的差异，了解这些差异，对我们准确理解这些作品很有帮助。

二、概念回顾

我们先回顾一下现代汉语的句子成分的顺序：句子主干是"主语＋谓语＋宾语"的形式，如果它们各自都带了修饰限定成分就会变成"（定语）＋主语中心词＋[状语]＋谓语中心词＋（定语）＋宾语中心词"这样的形式，有时候谓语中心词后面还会带补语。

在现代汉语中，我们就把这种句子成分按常规排列的句子叫做常式句。但是有时候，在文学作品中，为了修辞或语用上的需要，作者会故意减省句法成分或调换成分的位置，这些变化了的句型就叫变式句。

变式句中最常见的句子是倒装句。我们来看两句现代汉语中的倒装句。

【例1】她一手提着竹篮，内中一个破碗，空的；一手拄着一支比她更长的竹竿，下端开了裂：她分明已经纯乎是一个乞丐了。

（鲁迅《祝福》）

作者运用了一个先分后总的总分复句来刻画祥林嫂的乞丐形象。前一分句按常规表达应该是"她一手提着内中一个空的破碗的竹篮"，但作者不按常规格式，不仅将"内中一个空的破碗"后置，还将"空的"这个定语在后置，这种后置再后置的两个定语，体现了作者的匠心独运。首先通过"破碗"这个后置了的定语，引起读者的注意，让人联想到祥林嫂的乞讨时间之久；然后又将"空的"这一定语再后置，更引起读者的进一步联想，祥林嫂的乞讨生活不仅时间长，而且没有收获，"破碗"中还是"空的"。从这两个分句可见其乞讨生活之苦。后一分句也有一个"下端开了裂"的后置定语，不仅揭示了祥林嫂的悲惨命运，而且也将祥林嫂的乞讨者形象深深地印在人们的脑海中。

【例2】"轻轻地我走了，正如我轻轻地来。"

（徐志摩《再别康桥》）

首句用了倒装句式，把状语"轻轻"前置于主语前，打破了均衡，冲破了沉闷，诗句显得活泼多姿；"轻轻地"放在诗段的最前面，把读者引进一个轻柔缠绵的世界。

现代汉语中的倒装句，往往是为了修辞或语用上的需要。同样的，在古代汉语中，常常也会由于某些原因，句子与现代汉语句法不同，会出现语序颠倒的情况，这就是古汉语中倒装句。

文言文倒装句的类型主要有主谓倒装、宾语前置、定语后置和状语后置四种类型。我们分别举一个例子来回顾一下。

1.高渐离击筑（常式句）　　　　　　　渺渺兮予怀（主谓倒装）

2.古之学者必有师（常式句）　　　　　不吾知也（宾语前置）

3.落霞与孤鹜齐飞，秋水共长天一色（常式句）

　　蚓无爪牙之利，筋骨之强（定语后置）

4.亲故多劝余为长吏（常式句）　　　　亦将有感于斯文（状语后置）

"高渐离击筑"是一个常式句；"渺渺兮予怀"，这里的渺渺是悠远的样子，本来应该是"予怀渺渺兮"，但是句中充当谓语的"渺渺"被放到了主语前面，这就是主谓倒装。

"古之学者必有师"是一个常式句，"不吾知也"，这个句子中"吾"应该是句子的宾语——原句应是"不知吾也"，但是它的位置却在谓语之前，这就叫宾语前置。

"落霞与孤鹜齐飞，秋水共长天一色"，这里的落霞、孤鹜、秋水和长天的定语都在中心词的前面，该句的语序正常；但是《劝学》中的"蚓无爪牙之利，筋骨之强"，修饰语"利"和"强"都在中心词的后面，这就是定语后置。

最后一组，"亲故多劝余为长吏"，这里的"多"是一个副词，翻译为"大多"，位于"劝"这个动词的前面作状语，这是一个常式句。但是《兰亭集序》中的"亦将有感于斯文"，这里的"于斯文"是"对这次集会的诗文"，"也将这次集会的诗文有所感慨吧"，状语到了谓语的后面，这种现象就叫状语后置。

这就是文言文中四种常见的倒装现象。虽然其中的宾语前置是古代汉语的语法规则，和另外三种"倒装"有所不同，但因为它的语序与现代汉语不同，我们也还是将其放到倒装句里面去。与词类的用法相似，句子中的倒装也有一定的规律。总结这些规律以后，大家才可以去做更多的梳理和积累。

三、规律探寻

前面讲词法的时候我们讲过，定语常常修饰的是名词或者代词，往往由形容词充当，构成"形容词的名词/代词"这样的定中短语，在句中充当主语或者宾语的成分。如果当原本在前面修饰限定中心词的定语被放到中心词后面去了的时候，就出现了我们说的定语后置。

学生活动一：定语后置都有着怎样的规律呢？请大家翻译以下定语后置句。

①群臣侍殿上者，不得持尺兵。

②马之千里者，一食或尽粟一石。

③秦王购之金千斤，邑万家。

④居庙堂之高则忧其民，处江湖之远则忧其君。

⑤四海之大，有几人欤？

⑥我持白璧一双，欲献项王；玉斗一双，欲与亚父。

⑦太子及宾客知其事者，皆白衣冠以送之。

⑧石之铿然有声者，所在皆是也。

【明确】

①群臣侍殿上者，不得持尺兵。

（译：在殿上侍奉的臣子们，不能带兵器。）

②马之千里者，一食或尽粟一石。

（译：一匹日行千里的马，一顿有时能吃一石食。）

③秦王购之金千斤，邑万家。

（译：秦王用千斤金和万户人口的封地作悬赏来购取他的头颅。）

④居庙堂之高则忧其民，处江湖之远则忧其君。

（译：在朝廷做官就为百姓忧虑；不在朝廷做官而处在僻远的江湖中间就

为国君忧虑。）

⑤四海之大，有几人欤？（译：偌大的中国，有几个人呢？）

⑥我持白璧一双，欲献项王；玉斗一双，欲与亚父。

（译：我带了一对玉璧，想献给项羽；一双玉斗，想送给亚父。）

⑦太子及宾客知其事者，皆白衣冠以送之。

（译：太子和知道这件事的宾客，都穿着白衣，戴着白帽给他送行。）

⑧石之铿然有声者，所在皆是也。

（译：敲击后能发出声响的石头，到处都是这样。）

通过翻译，我们发现，和其他类型的倒装句不同，定语后置只发生在主语或者宾语的句子成分内部，与其他句子成分的语序没有关系。

学生活动二：现在，请同学们把这些后置的定语从句中提取出来，归类梳理，看看它们都有哪些类型。

【明确】

类型一：群臣侍殿上者　太子及宾客知其事者

这两句都是"中心词＋定语＋者"的句型，这一类是定语后置最常见的类型，如"客有吹洞箫者""群臣吏民能面刺寡人之过者"。

类型二：马之千里者　石之铿然有声者

这两句其实就是在上一句的基础上，在中心语和定语之间再加上"之"，就构成"中心语＋之＋定语＋者"的形式，都是用"者"字来进行煞尾。

类型三：粟一石　白璧一双　玉斗一双

这一类也比较常见，直接把定语放在中心语之后，没有其他标志，形成"中心语＋定语"的形式，这一类型的定语多为数量词。比如《过秦论》的"铸以为金人十二""伏尸百万"，还有《核舟记》中"尝贻余核舟一"。

类型四：庙堂之高　江湖之远　四海之大

这一类其实也是在上一句的基础上，在中心语与后置的定语中间加上"之"，就形成了"中心语＋之＋定语"这样的句式。

这四类就是定语后置最常见的类型，这里出现的"之"我们可以看作是定语后置的标志。除此之外，其实还有一种类型的定语后置，就是第二种句式中的"之"换成虚词"而"，形成"中心词＋而＋定语＋者"这样的句式，但是因为我们的教材中没有涉及，此处就不多作延伸。但是不管是哪种类型的定语后置，大家在翻译的时候都要记得把定语还原到中心词的前面。

同时，需要注意的是，我们归纳出来的这些规律只是帮助大家进行判断，阅读的时候一定要把语境放在第一位，千万不能一看到标志就盲目判断。我们来举两个例子，"吾妻之美我者，私我也""邻之厚，君之薄也"这两个句子中，也有"……之……者"和"名词＋之＋形容词"这样标志，但是因为这里的"美我"和"厚""薄"并非前面名词的定语，所以虽然看上去结构相似，但这两个句子并不是定语后置句，大家平时在阅读文言文的时候需要特别注意。

习题演练

学生活动三：请同学们翻译以下两个句子，注意在翻译时调整句子的语序。

①武帝嘉其义，乃遣武以中郎将使持节送匈奴使留在汉者，因厚赂单于，答其善意。

②驼业种树，凡长安豪富人为观游及卖果者，皆争迎取养。

【明确】

①武帝嘉其义，<u>乃遣武以中郎将使持节送匈奴使留在汉者</u>，因厚赂单于，答其善意。

（译：汉武帝赞许他的这种义行，<u>于是派遣苏武以中郎将的身份出使，持旄节护送扣留在汉的匈奴使者回国</u>，趁便送给单于很丰厚的礼物，以答谢他的好意）

②驼业种树，<u>凡长安豪富人为观游及卖果者</u>，皆争迎取养。

（译：郭橐驼以种树为职业，<u>凡是长安城里建造娱乐场所和种树卖果的富豪人家</u>，都争相雇佣他。）

学生活动四：请同学们找出下列文段中的定语后置句，并翻译句子。

前一夕，宿诸贤士大夫。厥明日，既出，相帅向北行，以壶觞随。约二里所，始得涧流，遂沿涧而入。又三里所，夹岸皆桃花，山寒花开迟，及是始繁。又六七步，奇石怒出，下临小洼，泉冽甚，宜饮鹤，曰饮鹤川。自川导水为蛇行势，前出石坛下，锵锵作环佩鸣。客有善琴者，不乐泉声之独清，鼓琴与之争。琴声与泉声相和，绝可听。

（节选自宋濂《桃花涧修禊诗序》）

【明确】这个文段中，"客有善琴者，不乐泉声之独清，鼓琴与之争"是一个定语后置句。译文：头一天晚上，各位贤士大夫住宿休息。到了第二天，出发时，向北走，带着酒壶和酒杯。大约走了二里远的地方，才遇到涧流，于是沿着山涧而行。又过了三里左右，两岸都是桃花，山里寒冷，花开得晚，到现在才繁盛。又走了六七步，怪石突出，下面是一口小泉，泉水很冷冽，适合用来给鹤饮用，这口小泉叫作饮鹤川。从小川引水，像蛇一样蜿蜒，从石坛前面流下，声音就像玉佩碰撞一样。<u>有一位擅长弹琴的客人，不喜欢泉水独自清鸣，就弹琴来跟泉水争鸣。</u>琴声跟泉水声相应和，非常好听。

课堂总结

最后，我们来总结一下本节的学习内容：主要复习文言文句法中的"定语后置"的相关知识点。"定语后置"是古汉语中比较常见的一种倒装句式，在我们高中阶段主要有"中心词＋定语＋者""中心词＋之＋定语＋者""中心词＋定语（多为数量词）""中心语＋之＋定语"这几种类型，翻译的时候要记得把定语还原回中心词的前面。同时，大家还可以根据这些类型，对教材中的定语后置进行归类整理。

课后作业

请同学们找出下面语段中的定语后置句，并翻译文段。

刘秀至郾、定陵，悉发诸营兵。诸将贪惜财物，欲分兵守之。秀曰："今若破敌，珍宝万倍，大功可成；如为所败，首领无余，何财物之有！"秀与诸营俱进，自将步骑千余为前锋，去大军四五里而陈。（王）寻、（王）邑亦遣兵数千合战，秀奔之，斩首数十级。诸将无不一当百。城中亦鼓噪而出，中外合势，震呼动天地。（王）莽兵大溃，走者相腾践，伏尸百余里。会大雷、风，屋瓦皆飞，雨下如注，川盛溢，虎豹皆股战，士卒赴水溺死者以万数，水为不流。士卒奔走，各还其郡。于是海内豪杰翕然响应，皆杀其牧守，自称将军。旬月之间，遍于天下。

（节选自《资治通鉴·卷第三十九》）

【译文】刘秀到了郾、定陵等地，调发各营的全部军队。将领们贪惜财物，想要分出一部分兵士留守。刘秀说："现在如果打垮敌人，有万倍的珍宝，大功可成；如果被敌人打败，士兵都被杀头了，还有什么财物！"刘秀和各营部队一同出发，<u>亲自带领一千多人的步兵和骑兵为先头部队</u>，在距离王莽大军四五里远的地方摆开阵势。王寻、王邑也派几千人来交战，刘秀带兵冲了过去，斩了几十人首级。将领们胆气更壮，没有一个不是以一当百的。昆阳城中的汉军也击鼓大喊而冲杀出来，里应外合，呼声震天动地。王莽军大溃，逃跑者互相践踏，倒在地上的尸体遍布一百多里地。适值迅雷、大风，屋瓦全都被风刮得乱飞，大雨好似从天上倒灌下来，河水暴涨，虎豹都吓得腿发抖，<u>掉入水中溺死的士兵数以万计</u>，河水因此不能流动。王莽军的士兵奔跑，各自回到故乡。于是海内豪杰一致响应，都杀掉当地的州郡长官，自称将军。一个月之内，这种形势遍于天下。（横线对应处为定语后置句）

☺ 板书设计

文言特殊句式

定语后置常见类型

类型一：中心词＋定语＋者

类型二：中心词＋之＋定语＋者

类型三：中心词＋定语（多为数量词）

类型四：中心词＋之＋定语

牢记"一二三六" 巧译文言语句

——文言文翻译技法

核心问题

　　学习任务群"中华传统文化经典研习"是高中阶段语文学习的重要内容。要想对中国文化史上不同时期、不同类型的一些代表性作品进行精读，体会其精神内涵、审美追求和文化价值，理解文本内容是前提。因此，培养学生独立研读文本，并联系学习过的古代作品，梳理常用文言实词、虚词和特殊句式，提升阅读古代作品的能力非常重要。

　　翻译是文言文学习的核心，也是高考文言文考查的重中之重。本设计旨在和学生一起，在练习中归纳文言文翻译的常用技法，从而提升学生的文言文阅读水平，增进学生对中华优秀传统文化的理解，提升对中华民族文化的认同感、自豪感，增强文化自信，更好地继承和弘扬中华优秀传统文化。由于内容较多，本设计的教学时间为两个课时。

教学目标

　　1.明确古代汉语和现代汉语的异同点，了解文言文翻译应遵循的标准和原则。

　　2.能够根据已学知识，归纳文言文翻译常用技法。

3.能够精准判断语句中的文言现象，结合语境准确翻译文言语句。

教学重难点

教学重点：

能够根据已学知识，归纳文言文翻译常用技法。

运用技法，结合语境准确翻译文言语句。

教学难点：

运用翻译常用技法，结合语境准确翻译文言语句。

课堂在线

一、课程导入

通过前面的学习，同学们已经对古汉语中一些比较重要的语法现象进行了较为细致的梳理。梳理语法的最终目的就是为了让大家能够更快更准确地读懂文言文。今天，我们就要综合运用相关知识，将它们置于具体的文本环境，对语句进行准确的翻译。与前面重在梳理知识和探寻规律的方式不同，文言文翻译将更侧重于方法的运用。

二、知识梳理

大家在阅读文言文，尤其是在阅读试卷上的文言文的时候可能都有过这样的体验：能够快速理解大意，但很难翻译需要作答的语句，这也是很多同学对文言文阅读产生畏惧心理的重要原因。

其实这并不是偶然，因为命题人在选择翻译句子时，都是精心考量的，所选取的句子往往都具有特殊性，涵盖了多种语法现象，这就大大提升了我们的阅读难度，所以理解起来比较困难也就不足为奇了。比如以下两个例句：

【例1】（谢）贞度叔陵将有异志，因与（阮）卓自疏于叔陵，每有宴游，辄辞以疾，未尝参预。叔陵雅钦重之，弗之罪也。

【例2】绛、灌、东阳侯、冯敬之属尽害之，乃短贾生曰："洛阳之人，年少初学，专欲擅权，纷乱诸事。

第一句是2017年山东卷的文言文翻译题，节选自《陈书·列传第二十六》。我们来看一下里面的重要语法点：除去里面的人名，"疏于叔陵"和"辞以疾"都是状语后置，"弗之罪"是宾语前置。同时还有"度""疏""雅"三个比较重要的词语。

再看第二句，这是2019年高考新课标Ⅰ卷的翻译题之一，是记载贾谊生平的传记。我们来看一下里面的重要语法点：除去人名、地名，这个句子没有特殊句式，但是却有几个重点实词——"害""短""擅权"和"纷乱"。

通过这两个例句大家可以发现，这些句子的特殊之处主要表现在重点实词、虚词和特殊句式上。这些特殊的点位就是翻译的重难点，答题的着眼点，也是评分的赋分点。因此，文言文翻译的第一步就要注重整体，关注语境，同时找出翻译句中的着眼点，然后再各个击破。那翻译句中的着眼点一般都有哪些呢？

学生活动：请同学们根据例句的特点，结合已学知识，归纳文言语句中的翻译着眼点。

【明确】

着眼点一：实词。作为采分点的实词，又以动词居多，其次是形容词和名词。因此我们可以先确定各小分句的谓语动词，并在句中标上记号。同时围绕谓语动词，确定各分句的主语和宾语。把关键实词翻译到位，就是落实5种特殊实词的翻译落实。这些实词就是我们前面梳理过的通假字、古今异义词、词类活用、偏义复词和借助语境推断词义的多义词。

着眼点二：虚词。虚词的翻译要注意两点：必须译出的和不必译出的。动词前的副词和有实词义项的要译出实义，如作代词的"之""其"，现代汉语中有与之对应的虚词也需要互换。还有一类的是不必译出的，在句中起语法作用的"之"、发语词及句末语气助词等。关键虚词的翻译，要仔细辨明词性及意义，根据句子间的逻辑关系，能译则译，不需要译出的不能强行译出。

着眼点三：句式。思考是否有 5 类特殊句式。文言句式在翻译题目中是重要得分点，审出译句中的特殊句式，要灵活运用学过的文言句式的判断规律，关注是否有判断、被动、倒装、省略和固定句式这 5 类特殊句式。

学生活动：请同学们找出下列句子中的翻译着眼点。

①天下已定，始皇之心，自以为关中之固，金城千里，子孙帝王万世之业也。

②臣诚恐见欺于王而负赵，故令人持璧归，间至赵矣。

【明确】

第一个句子出自《过秦论》。实词——"定"，动词，"固"，形容词活用为名词，"帝王"，名作动。虚词——"已"，副词，"已经"；三个"之"都翻译为"的"；句式——"金城千里"，定语后置，"……也"，判断句。

再看第二句，实词——"恐、负、令、持、归、至"，都是动词；"间"，名词作状语；虚词——"诚"，副词，译为"实在是"；"故"，连词，"因此"，"矣"，句末语气词；句式——"见欺于王"，被动句式。

三、翻译标准及原则

翻译关键点标注出来以后，我们就可以开始着手翻译了，下面来一起了解一下翻译的标准和翻译的原则。

文言文翻译的标准：信、达、雅。这个标准是清末启蒙思想家严复先生提出来的。"信"，就是译文要准确表达原文的意思，不歪曲、不遗漏、不增译。"达"，就是译文明白晓畅，符合现代汉语表达要求和习惯，无语病。"雅"，就是译文语句规范、得体、生动、优美。

我们在文言文翻译时还需要以直译为主，意译为辅的基本原则。直译，指译文要与原文保持对应关系，重要的词语要相应的落实，要尽力保持原文遣词造句的特点和相近的表达方式，力求语言风格也和原文一致。意译，指着眼于表达原句的意思，在忠于原意的前提下，灵活翻译原文的词语，灵活处理原句子结构。两者的关系是，只有在直译表达不了原文意旨的情况下，才在相关部分辅之以意译。最终能够达到"字字落实、文从字顺"的效果。

正因为如此，为保证语句翻译的效果，我们就需要根据不同的语法类型，采用不同的翻译方法：针对词语（实词、虚词），主要运用"留、删、换"这三种方法，力求能够做到"字字落实"；针对句式，我们主要会运用"调、补"这两种方法，来力求做到"文从字顺"。这二者结合就是原则里的"直译为主"。此外，针对句子里有借喻、借代、互文等手法以及文化常识的地方，翻译时我们要根据上下文，运用"变"的方法，灵活、贯通地译出。这就是"意译为辅"。

三、方法梳理

下面我们就结合例句来对"留、删、换、调、补、变"这几种文言翻译常用技法逐一进行梳理。

1. 留

留，即保留照抄。文言文中如果遇到以下两种情况中的词语是需要予以保留，照抄不译的：

（1）古今意义和用法完全相同的一些词，如国号、朝代、年号、帝号、谥号、庙号、官名、地名、人名、爵位名、器物名、书名、度量衡单位等。例如：

①赵惠文王十六年，廉颇为赵将，伐齐，大破之，取阳晋，拜为上卿，以勇气闻于诸侯。

②阳嘉元年，复造候风地动仪。

（2）原句与现代汉语相同的语法结构时，不随意变换词序。如"劳苦而功高如此，未有封侯之赏"（《鸿门宴》），成语"劳苦功高"就可以保留不译。但这种情况比较少，以第一种情况为主。

"留"应该是最为简单的一种翻译方法，但是需要提醒大家的是，文言文的翻译一定要关注整体语境，比如在文言传记中如果前面已经出现过的人物，在后面再次出场的时候往往只说其名而不带其姓，包括一些地名，在文段的其他地方可能也会出现，大家要能够准确识别，以免发生该留不留，强行翻译的错误。我们来对比一下《鸿门宴》里面的这两个"籍"字的翻译。

学生活动：请同学们将下列句子翻译成现代汉语。

项王曰："此沛公左司马曹无伤言之，不然，籍何以至此？"

籍吏民，封府库，而待将军。

【明确】项羽，名籍，字羽。第一句中的籍是项羽自称。项羽说："这是沛公的左司马曹无伤说的，如果不是这样，我凭什么会到这个地步？"而第二句中的籍吏民和封府库形成对等的句式，给官吏、百姓做了登记，封闭了仓库，等待将军到来。这里的籍就是动词，译为"登记"。

2. 删

删，就是删除不译。文言中有些虚词在句子中没有实在意义，有些在现代汉语里没有相应的替代词，如果硬译反而别扭或累赘，因此，在翻译时我们就可以删减。

常见可删除不译的虚词有：发语词"夫、盖、且夫"，凑足音节的助词"之""者（今者，向者）"，倒装的标志定语后置"之、者"，宾语前置的标志词"是、之"，表停顿的语助词"者、也"，无意义的语气或结构助词及偏义复词中虚设成分等。

翻译以下两个句子，练习"删"这种方法在翻译中的运用。

学生活动：请同学们将下列句子翻译成现代汉语。

①师道之不传也久矣！欲人之无惑也难矣！

②所以遣将守关者，备他盗之出入与非常也。

【明确】

第一句中两个"之"字都是主谓之间取消句子独立性的用法，无意义，两个"也"字都是在句中舒缓语气，因此都可以删除不译。句子译为"古代从师学习的风尚不流传已经很久了，想要人没有疑惑的话很难啊"。

第二句中的"之"也是主谓之间取消句子独立性的用法，"出入"，偏义复词，偏"入"，"出"为虚设的衬字。因此这两个字都可以不翻译，直接删除。句子译为"派遣将领把守函谷关的原因，是为了防备其他贼人进来和意外的变故（发生）"。

3.**换**

换，替换组词，就是翻译时把文言文中的部分词语替换成符合现代汉语习惯的词语，这是词语翻译里最常用到的技法。使用时主要有"替换"和"组词"两种，具体来看，需要用到"换"这种翻译方法的情况有以下几种：

①将古汉语的单音节词替换成相对应的现代汉语的双音节词。

②将通假字替换成本字。

③将古今异义词替换成古代汉语的意思。

④将词类活用的词替换成活用后的词等。

⑤将判断句和被动句的标志替换成"是"和"被"。

⑥将固定句式替换成其固定的现代汉语翻译。

学生活动：请同学们将下列句子翻译成现代汉语。

①师者，所以传道授业解惑也。

②且单于信女，使决人死生；不平心持正，反欲斗两主，观祸败！

③若舍郑以为东道主，行李之往来，共其乏困，君亦无所害。

④臣诚恐见欺于王而负赵，故令人持璧归，间至赵矣。

⑤（梁惠王）曰："不可，直不百步耳，是亦走也。

【明确】

师者，所以传道授业解惑也。

（译文：老师，是传授道理、教授学业、解答疑难问题的人。）

②且单于信女，使决人死生；不平心持正，反欲斗两主，观祸败！

（译文：况且单于信任你，让你决定别人的死活，而你却居心不平，不主持公道，反而想要使汉皇帝和匈奴单于二主相斗，旁观两国的灾祸和损失！）

③若舍郑以为东道主，行李之往来，共其乏困，君亦无所害。

（译文：如果放弃灭掉郑国而使它成为您东方道路上的主人，贵国使臣经过，郑国供应他们的缺乏的东西，您也没有坏处。）

④臣诚恐见欺于王而负赵，故令人持璧归，间至赵矣。

（译文：我实在害怕被大王欺骗从而对不起赵国，所以让人拿着和氏璧回去，已从小路到达赵国了。）

⑤（梁惠王）曰："不可，直不百步耳，是亦走也。

（译文：梁惠王说："不可以，只是没有跑百步罢了，这也是逃跑啊。"）

综合演练

学生活动：请同学们把文中画横线的句子翻译成现代汉语。

①（谢）混风格高峻，少所交纳，唯与族子灵运、瞻、曜、弘微并以文义赏会。……弘微口不言人短长，<u>而曜好臧否人物，曜每言论，弘微常以它语乱之。</u>九年，东乡君薨，资财钜万，园宅十余所，奴僮犹有数百人。弘微一无所取，自以私禄营葬。

②曹真出督关右，芝参大司马军事。真薨，宣帝代焉，乃引芝参骠骑军事，转天水太守。<u>郡邻于蜀，数被侵掠，户口减削，寇盗充斥。芝倾心镇卫，更造城市，数年间旧境悉复。迁广平太守。天水夷夏慕德，老幼赴阙献书，乞留芝。</u>魏明帝许焉。曹爽辅政，引为司马。

【明确】

①这是2017年全国新课标卷Ⅰ卷中的选段。我们先看前面的内容，谢混风格高尚峻洁，很少同人交往，只和同族的子弟谢灵运、谢瞻、谢曜、谢弘微等人因赏析文义而聚会。通过所提的信息，可知这里的曜、弘微都是人名，应该予以保留。句中"臧否""言论""以""乱"是重点实虚词，《出师表》中有"陟罚臧否"，迁移课内知识，"臧否"可以翻译为"褒贬"；"言论"在这

里名词活用为动词,可译为"发表议论";"乱","扰乱""岔开"。这个句子没有特殊句式,现在我们就可以翻译了:谢弘微口中从不说别人长短,但是谢曜喜爱评论人物好坏,谢曜每每发表议论,弘微常用其他的事打岔。元嘉九年,东乡君去世,遗留巨万资财,园宅十余所,奴仆还有数百人。谢弘微一概不要,用自己的俸禄营办东乡君丧事。

②这个文段节选自《晋书·鲁芝传》,是 2018 年高考新课标 I 卷的文言文阅读。曹真亲自督促关右军务时,鲁芝又参与大司马府的军机大事。曹真去世后,宣帝代替曹真督促关西军务,于是任命鲁芝参与骠骑军事,后调任天水太守。其中的地名、人名、官名保留不译,标注出句内的动词,"邻""被""侵掠""减削""充斥""镇卫""更造""复""迁""慕""赴""献""乞留"。"户口"和"城市"是古今异义,户口结合语境可以翻译成"人口","城市"需要拆开,即"城镇集市"。句子可以翻译为:天水郡和蜀地相邻,常被蜀军侵犯掠夺,人口一直在下降,盗贼四起。鲁芝竭力镇守防卫,又建立集市贸易,几年的工夫,被掠夺的土地都收复了。鲁芝又被调任为广平太守。包括少数民族在内的天水百姓都非常仰慕他的美德,大家亲自到京城上书,请求留下鲁芝继续做天水太守。魏明帝答应了这一请求,曹爽辅政的时候,鲁芝被拜为司马。

方法梳理

方法梳理(三):

在实际翻译中,有一些句子如果只是字字对译的话,表达并不流畅。因此,在翻译时,我们还会运用"调"和"补"这两种方法,来力求做到"文从字顺",如以下情况:

1. 调

所谓"调"就是我们需要按照现代汉语的习惯,在字字对译的基础上,将文言文中不合现代汉语规范的特殊句式的语序调整成正常语序，使译句通畅。文言文翻译时需要调整语序的句子主要有以下几种：

①状语后置句：翻译时要将状语移至谓语的前面。

②定语后置句：把定语移到被修饰、限制的中心语之前。

③主谓倒装句：将主谓成分颠倒过来。

④宾语前置句：宾语前置翻译时要将宾语移到动词后，介宾前置就将宾语移到介词后。

我们看几个句子的翻译：

状语后置：王如知此，则无望民之多于邻国也。（译文：大王懂得这个道理，就不要指望自己的百姓比邻国多了。）

定语后置：求人可使报秦者，未得。（译文：寻找可以出使回复秦国的人，没有找到。）

主谓倒装：贤哉，回也！一箪食，一瓢饮，在陋巷，人不堪其忧，回也不改其乐。（译文：颜回的品质是多么高尚啊！一箪饭，一瓢水，住在简陋的小屋里，别人都忍受不了这种穷困清苦，颜回却因此没有改变好学的乐趣。）

宾语前置：句读之不知，惑之不解。（译文：不知道断句和加标点，就不能解决疑惑。）

2. 补

补，就是补充。在文言文中，普遍存在省略成分的情况，常见的省略内容有：主语、谓语、宾语、中心语、定语、介词（于、以）等。因此，为了让句子意思更准确完整，句子更顺畅，我们需要结合语境把这些省略的成分补充出来。此外，有时候为了表达更加流畅，我们还可以补出一些隐含的信息。来看看这两个省略句：

①吾令人望其气，皆为龙虎，成五采，此天子气也。

②永州之野产异蛇，黑质而白章；触草木，尽死；以啮人，无御之者。

先看第一句，这一句省略的主要是主语：吾令人望其气，（其气）皆为龙虎，（其气）成五采，此天子气也。句子翻译为：我叫人观望他那里的云气，那些云气都是龙虎的形状，呈现五彩的颜色，这是天子的云气呀！

　　第二句是柳宗元《捕蛇者说》中的句子，省略了主语和宾语：永州之野产异蛇，（蛇）黑质而白章；（蛇）触草木，（草木）尽死；以（蛇）啮人，（人）无御之者。句子翻译为：永州的野外出产一种奇异的蛇，它有黑色的质地白色的花纹；如果这种蛇碰到了草木，这些草木全都干枯而死；如果蛇咬了人，人们就没有能够解蛇毒的办法。

　　掌握"留、删、换、调、补"这五种针对不同语法现象的翻译方法以后，我们就可以翻译绝大部分的文言文语句了。

　　学生活动：请同学们把文中画横线的句子翻译成现代汉语。

治国必先富民

　　①凡治国之道，必先富民。民富则易治也，民贫则难治也。奚以知其然也？民富则安乡重家，安乡重家则敬上畏罪，敬上畏罪则易治也。②民贫则危乡轻家，危乡轻家则敢凌上犯禁，凌上犯禁则难治也。故治国常富，而乱国常贫。是以善为国者，必先富民，然后治之。

　　【明确】

　　这个文段选自《管子·治国第四十八》"治国必先富民"，我们来看这两个句子。要正确理解和翻译的词语有："富""奚以"。"富"是形容词的使动用法，使……富裕；"奚"，疑问代词，译"为什么、哪里"。特殊句式："奚以知其然也"属于疑问句中疑问代词作宾语，是一个宾语前置的句式。可译为：大凡治国的道理，一定要先使人民富裕，人民富裕就容易治理，人民贫穷就难以治理。凭什么知道是这样的呢？人民富裕就安于乡居而爱惜家园，安于乡居爱惜家园就尊敬皇上而畏惧刑罚，尊敬皇上、畏惧刑罚就容易治理了。句中的重点词语："危""凌""禁"。危与"安"相对，指不安心，危害；凌译为对抗，禁译为法令。富和贫都需要有动词义。翻译：人民贫穷就危害乡里轻视家园，危害乡里轻视家园就敢于对抗皇上违犯禁令，抗上犯禁就难以治理了。所以，治理得好的国家常常安享富裕，混乱的国家常常会遭受贫穷。因此，善于主持国家的君主，一定要先使人民富裕起来，然后再加以治理。

通过这样的练习，大家是不是觉得文言翻译也没有那么难了呢？不过这五种直译的翻译方法可以让我们翻译绝大部分的文言文语句。文言文里边还有一些特殊的句子并不能直译。

学生活动：请同学们将下列句子翻译成现代汉语。

①衡下车，治威严，整法度，阴知奸党名姓，一时收禽，上下肃然，称为政理。视事三年，上书乞骸骨，征拜尚书。

②乃使蒙恬北筑长城而守藩篱，却匈奴七百余里。

③沛公不胜杯杓，不能辞。

【明确】

①张衡上任之后，治理严厉，整饬法令制度，暗中探得奸党的姓名，将他们同时逮捕、拘押起来，于是上下敬畏恭顺，称赞张衡能处理好政事。（张衡）在河间相位上任职三年，给朝廷上书，请求辞职回家，朝廷任命他为尚书。

②藩篱：竹木编成的篱笆或栅栏。翻译：于是始皇便派蒙恬在北方的边界修筑长城来守卫边疆，使北方匈奴退却七百余里

③杯杓：酒具。沛公不能多喝酒，已经醉了，不能当面告辞。

3. 变

通过这几个句子的翻译，可以看出，文言文中常常会有一些特定的文言常识，也会使用一些修辞手法，除了这里涉及的借喻、借代以外，还会有用典、互文等，遇到这样的情况，我们的翻译就没有办法做到字字落实，这就要用到"变"的方法，根据上下文灵活、贯通地译出。这就是古文翻译中的"意译为辅"。

①关于文化常识，包括一些委婉的说法的翻译，只要将委婉语句按照现代汉语的用语习惯表述出来就可以了，如可将"会猎""更衣"翻译成"出兵征伐""上厕所"。

②对比喻句的翻译，应尽量保留比喻的说法，如果不能保留，只译出本体即可。如《过秦论》中"金城千里"，可译为"辽阔的国土，坚固的城池环

绕，牢固可靠"。

③对借代句的翻译，一般只要把所借代的事物写出来就可以了，如可以将"缙绅""三尺""纨绔"分别翻译成"士大夫""法律""富家子弟"。

【例句】（于休烈）恭俭温仁，未尝以喜愠形于颜色。而亲贤下士，推毂后进，虽位崇年高，曾无倦色。笃好坟籍，手不释卷，以至于终。大历七年卒，年八十一。

这个例句选自《旧唐书·于休烈传》，也是2014年高考新课标Ⅰ卷的试题文本。于休烈为人恭俭温良仁慈，从未在脸上流露自己的喜怒。同时，他亲近贤才，屈身交接士人，荐举后辈，虽然位尊年高，但于休烈连一点倦怠的神色都没有。他一心沉浸于研习古代典籍，手不释卷，直至生命终结。大历七年去世，时年八十一岁。这个句中的中"推毂""坟籍"就涉及到古代文化常识。"推毂"，推车前进，古代帝王任命将帅时的隆重礼遇，引申为"推荐"；"坟籍""坟典"是"三坟五典"的简称，"三坟五典""九丘八索"有时用来泛指古代典籍，"坟典""坟籍"则常用作古代典籍的代称。这一类词语涉及面广，大家在平时要养成随文积累的好习惯，同时也要有归类意识，比如可以从古代职官、天文历法、古代地理、科举制度、风俗礼仪等方面进行分类积累。

方法梳理（四）：

文言文翻译更侧重于方法的运用，只有把这些方法熟练运用才能真正达到"字字落实，文从字顺"的效果。不过，大家在实际翻译的过程可能还会忽略一些细节，关注到这些细节，才能让我们的翻译更贴切。

细节一：关注原文语气

【例句】如欲平治天下，当今之世，舍我其谁也？

（《孟子·公孙丑下》）

译文：如果想使天下太平安定，在当今的社会里，除了我没有谁。

正译：如果想使天下太平安定，在当今的社会里，除了我还能有谁呢？

将译文处理为一种陈述语气，尽管从意思上来看是对的，但它改变了原文的语气，仍然不够准确，这段话表现了孟子拯救天下的责任感和高度的自信心，"舍我其谁也"，是一种语气强烈的反问，语气应处理为"……呢？"。

细节二：关注原文感情色彩

【例句】（皇甫谧）遂不仕，耽玩典籍，忘寝与食。

（《晋书·皇甫谧传》）

译文：（皇甫谧）于是不做官，沉湎于书籍之中，忘记睡觉与饮食。

正译：（皇甫谧）于是不做官，沉醉于书籍之中，忘记睡觉与饮食。

译句将"耽玩"的褒扬色彩误译成了贬义色彩。"耽玩"，意思是深深地爱好、玩味，应译为"沉醉""潜心玩味"。

细节三：关注语言规范

【例句】其军帅怒（贺）贲不先白己而专献金，下贲狱。世祖闻之，大怒，执帅将杀之，以勋旧而止。

（《元史·贺仁杰传》）

译文：贺贲的主帅对他事先不禀告自己就擅自（向世祖）献金感到愤怒，就把贺贲关进监狱。世祖闻之，很生气，执住了主帅将要杀他，因为（他）是有功的老臣而作罢。

正译：贺贲的主帅对他事先不禀告自己就擅自（向世祖）献金感到愤怒，遂把贺贲关进监狱。世祖听说这事，非常愤怒，逮捕了主帅将要杀他，因为（他）是有功的老臣而作罢。

译文中出现了文白夹杂，"闻""执"等文言词语也没有译出。根据语境，"闻"可译为"听说"；"执"可译为"逮捕"。

习题演练

学生活动：请同学们把文中画横线的句子翻译成现代汉语。

吴起为西河守，甚有声名。魏置相，相田文。吴起不悦，谓田文曰："请与子论功，可乎？"文曰："主少国疑，大臣未附，百姓不信，方是之时，属之于子乎？属之于我乎？"起默然良久，曰："属之子矣。"文曰："此乃吾所以居子之上也。"吴起乃自知弗如田文。

（节选自《史记·孙子吴起列传》）

【明确】

这个文段是 2019 年高考新课标 III 卷文言文阅读的选段，节选自《史记》。我们来看文段的翻译："吴起做西河守，取得了很高的声望。魏国设置了相位，以田文为国相。吴起很不高兴，对田文说：'请让我与您比一比功劳，可以吗？'田文说：'国君还年轻，国人疑虑不安，大臣不亲附，百姓不信任，正当处在这个时候，是把政事托付（嘱）给您呢，还是应当托付给我？'吴起沉默了许久，然后说：'应该托付给您啊。'"

翻译的句子主要是对判断句式和"所以"这个固定搭配的考查。译为："田文说：'这就是我的职位比您高的原因啊。'吴起这才明白在这方面不如田文。"

课堂总结

经过两个课时的学习，我们已经对文言文的相关翻译方法进行了梳理，可以"一二三六"来进行概括：一个原则，直译为主，意译为辅；两种意识，语境意识和翻译着眼点意识；特别关注原句的语气、感情色彩和翻译语言的规范这三个细节；针对不同语法现象，灵活运用留（保留照抄）、删（删除不译）、换（替换组词）、调（调整语序）、补（补足省略）和变（灵活贯通）这六种方法。这就是文言翻译时的"一二三六"。

文言文是我们中华优秀传统文化的重要载体，阅读文言文，可以增进我们对中华优秀传统文化的理解，提升我们对中华民族文化的认同感和自豪感，希望同学们能够灵活运用我们梳理的这些方法，读懂文言文，准确理解文言文，从而更好地继承和弘扬中华优秀传统文化。

☺　板书设计

文言文翻译技法

一个原则：直译为主　意译为辅

两种意识：语境意识　踩点意识

三个关注：原句语气　感情色彩　语言规范

六种方法：留、删、换、调、补、变

尺幅千里说生活　百态人物道世相

——小说整体阅读指导

核心问题

小说阅读是高考文学类文本阅读中非常重要的一个类别，《普通高中语文课程标准》（2017 年版 2020 年修订）中"文学阅读与写作"任务群的学习目标为：引导学生阅读古今中外诗歌、散文、小说、剧本等不同体裁的优秀文学作品，使学生在感受形象、品味语言、体验情感的过程中提升文学欣赏能力，并尝试文学写作，撰写文学评论，借以提高审美鉴赏能力和表达交流能力。

读懂小说文本是鉴赏的基础。一篇文章是一个有机的整体。读一篇文章时，如果没有着眼于全篇的眼光，没有整体把握的意识，其阅读结果只能是事倍功半。只有整体把握了全文，将文章的骨骼、精髓看得透彻、明白，才能把命题人的命题指向、意图看得清楚、明晰，才能快速而准确地答题。

本设计就是从小说的文体特点出发，对小说整体阅读进行方法指导。

教学目标

掌握小说基本知识、基本结构和常见叙事特点，能够运用基本知识进行小说整体阅读。

教学重难点

教学重点：梳理小说基本知识、基本结构和常见叙事特点。

教学难点：能够根据小说文体特点对小说进行整体快速阅读。

课堂在线

一、基础知识

1.小说文体特征

小说是以刻画人物形象为中心，通过完整的故事情节和环境描写来反映社会生活的文学体裁。小说的本质特征是叙述与虚构，叙述虚构世界与人生。小说的主体是讲故事，讲究讲故事的技巧以及结构的安排，小说中的人物往往是作者虚构出来的艺术形象。

2.小说三要素关系图

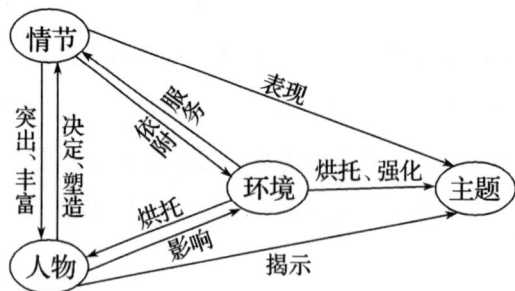

3. 小说常见主题

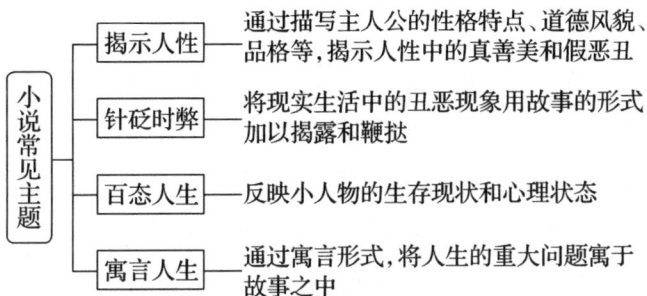

小说常见主题
- 揭示人性 —— 通过描写主人公的性格特点、道德风貌、品格等,揭示人性中的真善美和假恶丑
- 针砭时弊 —— 将现实生活中的丑恶现象用故事的形式加以揭露和鞭挞
- 百态人生 —— 反映小人物的生存现状和心理状态
- 寓言人生 —— 通过寓言形式,将人生的重大问题寓于故事之中

4. 小说种类

按篇幅分：长篇小说、中篇小说、短篇小说、小小说

按题材分：历史小说、科幻小说、武侠小说等

按体制分：章回体小说、日记体小说、书信体小说、自传体小说等

按表现手法分：现实主义小说、浪漫主义小说、现代主义小说

按语言分：文言小说、白话小说

按国别分：中国小说、外国小说

二、教材回顾

我们的必修教材中设置了两个小说单元,分别是必修三第一单元和必修五的第一单元,涉及了《林黛玉进贾府》《祝福》《老人与海》《林教头风雪山神庙》《装在套子里的人》和《边城》六篇文章。《林黛玉进贾府》和《林教头风雪山神庙》属于古代章回体小说的节选,《祝福》和《边城》是中国现当代小说,《老人与海》和《装在套子里的人》则是外国小说。

学生学习任务：请同学们回顾鲁迅小说《祝福》,按照小说基本要素,简要梳理文本内容。通过梳理,我们来一起加深对小说的认识。

【明确】小说是以刻画人物形象为中心,通过完整的故事情节和环境描写来反映社会生活的文学体裁。因此,我们可以从人物、情节、环境和主题这四个方面对其进行梳理。

《祝福》是鲁迅先生在 1924 年创作的一篇短篇小说，后来被收入了小说集《彷徨》，反映了 20 世纪 20 年代中国的社会现实。先看人物形象。小说中总共刻画了这 5 类人物形象。第一个是主角祥林嫂，她是旧中国农村劳动妇女的典型，也是一个被践踏、被迫害、被愚弄、被鄙视的小人物。第二个就是"我"，是一个具有进步思想的小资产阶级知识分子，虽然同情祥林嫂，但是对她的处境无能为力。第三类是小说中的体面人，也就是鲁四老爷，是当时农村中地主阶级的代表人物，思想上守旧迂腐，为人自私冷酷。第四类是祥林嫂的婆婆、小叔子，这些人冷酷无情，无视祥林嫂的不幸，代表的是族权和夫权，是封建文化和封建家长制的忠实守护者。第五类是柳妈、鲁镇上的人们，他们都是当时社会上的普通人，也都属于被压迫者，但是却都深受封建礼教和封建迷信的毒害。

《祝福》的故事情节其实就是祥林嫂悲剧的一生。从丈夫死后，狠心的婆婆要将她出卖，她被逼出逃，到鲁镇鲁四老爷家做佣工，又被婆家抢走，卖到贺家成亲，再到后来经受丧夫丧子的双重打击，丧魂落魄，可是人们还说她改嫁"有罪"，要她捐门槛"赎罪"，可等她千辛万苦积钱捐了门槛后，却依然摆脱不了人们的歧视。最后，祥林嫂沿街乞讨，在除夕的鞭炮声中，惨死街头。

小说对鲁镇的社会氛围、祝福的气氛和几次雪景的描写比较突出。正是这三要素的综合呈现，小说表现了辛亥革命以后中国的社会矛盾，深刻地揭露了封建礼教吃人的本质，指出彻底反封建反礼教思想的必要性和紧迫性。

通过回顾，可以看到，对于一篇传统的小说来说，人物常常是情节和环境的核心和主体，情节应该看作是人物性格的延伸和发展史，环境则是人物和情节发展的舞台，换句话说，人物是小说的核心，情节是小说的骨架，环境是小说的依托。因此，对于一篇小说，我们就可以根据这个特点，按照理清情节——把握形象——分析环境——概括主题的思路来进行阅读，同时，因为小说的篇幅相对来说都比较长，要养成随文圈点批注的习惯。

三、方法指导

1. 情节

情节是指作品所描写的事件发展、演变的全过程。小说主要是通过故事情节来展现人物性格、表现作品主题的。情节来源于生活，但它经过整理和提炼后，比现实生活中发生的真实事件更集中、更完整、更具有代表性。现实生活中的事件和矛盾是有始有终、有起有伏，并且也有一定的发展过程，因而小说情节的展开，也是有过程的，这个过程一般分为开端、发展、高潮和结局四个部分。

理清情节需要我们概括出每一自然段的段意，把意思相同或相近的部分合并为一个层次，然后切分全文层次，再按照开端、发展、高潮和结局来梳理，这样，小说的构架就出来了。但是情节的安排取决于作者的艺术构思，作者有时候并不一定按照现实生活中的事件发生、发展的自然顺序编排情节，有时会省略某一部分，有时也可颠倒或调换事件发展的顺序，叙述的人称和视角也会有所变化，所以在梳理的过程中要特别注意。

（1）叙述顺序

顺叙：按时间（空间）顺序来写，情节发展脉络分明，层次清晰。

倒叙：不按时间先后顺序，而是把某些发生在后的情节或结局先行提出，然后再按顺序叙述下去的一种方法。造成悬念，引人入胜。比如《祝福》中就先交代了祥林嫂凄然死去的结局，然后再从回忆开始叙述。

插叙：在叙述主要事件的过程中，暂时中断主线，插入另外一些与中心事件有关的内容的叙述，叙述完插入事件以后再接上原来的事件的写法叫插叙。插叙可以对主要情节或中心事件做必要补充说明，使情节更加完整，结构更加严密，内容更加充实丰满。

补叙：也叫追叙，在行文中用两三句话或一小段话对前面说的人或事做一些补充交代。对上文内容加以补充解释，对下文做某些交代，照应上下文。

插叙和补叙的区别：插叙是插入叙述，删去并不影响中心事件的完整性，而补叙是对中心事件的补充，删去就会影响整个故事。

平叙：指的是平行地叙述两件或两件以上同时发生的事，所以也称其为分叙。平叙可以使头绪清楚，照应得体，往往有两种形式，一种是"花开数朵，各表一枝"：先说甲的事，再说乙的事，两边都交代清楚；还有一种，就是时而说甲，时而说乙，按照情节发展轮番叙述。

除了顺叙以外，像我们上述几种比较特殊的叙述顺序，可以避免平铺直叙，能够勾勒文章整体布局上的跌宕美，起到很好的艺术效果。比如教材中《边城》的节选部分就写了三个端午节，按照"眼前的端午——两年前的端午——上一年端午"的顺序展开情节，忽而眼前忽而追忆，很有特色。

（2）叙述人称

叙述人称就是第一人称、第二人称和第三人称，不同的叙述人称可以达到不同的艺术效果。

第一人称：使小说具有真实性，拉近与读者的距离，便于抒情。但局限于叙述人的所见所闻，会受到一定的叙述限制。

第二人称：增强文章的抒情性和亲切感，便于和读者的情感交流。若对象为物，则使物具有拟人化作用。

第三人称：能比较直观、客观地展现丰富多彩的生活，不受时间和空间的限制，比较灵活自由地反映现实。

（3）叙述视角

叙述人称不同，叙述视角往往就会有所不同。叙述视角分为全知视角和有限视角。"全知视角"大多见于传统小说，一般采用第三人称进行叙述。小说的叙述者处于全知全能的地位，凌驾于整个故事之上，洞悉一切，随时对人物的思想及行为作出解释和评价。作者可以随意对故事情节和人物形象进行加工处理，但过多干预会使作品和读者之间产生距离，降低作品的真实感和可信度。

"有限视角"指以第一人称"我"的视角去叙述事件的过程，特点就是会故意遮蔽作者的意图，故意隐藏一些环节，留给读者去推理、判断和评价的空间。不足之处就是叙述较为主观，只能限于"我"的所见所感。

由此我们可以看到，两种视角各有利弊，叙述人称虽会影响叙述的视角，但也并非一一对应。因此，在作品中，我们更多的时候，看到的其实是叙述人称和视角的综合运用。如《红楼梦》的叙事视角就是在不同人物之间进行转换，比如在《林黛玉进贾府》这个章节中，作者就主要从林黛玉的角度展开叙述，作者自己对贾府环境及贾府中的若干人物，常常不置一词，而主要通过黛玉的眼睛去观察，通过黛玉的内心去体会，再把林黛玉眼中、心中的人物与环境显现于读者，从而取得了形神兼备的效果，也增强了作品的叙事张力。

小说的叙述方式多种多样，时空交错纷呈，这既是小说的魅力，亦是小说阅读的难点。

2. 人物形象

小说的核心任务就是通过塑造典型的人物形象来揭示社会生活的某些方面，从而表现作品的主题。小说中的人物是作家经过典型化处理的"人"。所谓"典型化"，就是作家对现实生活中的人物进行分析选择，集中概括，选出人物本质的主要方面，再加以充分的想象和合理的虚构，以此创造出的具有鲜明独特个性的人物形象，从而达到反映生活、表达情感的目的。

人物的塑造是在小说的情节叙述和环境描写中来完成的，因此，把握人物形象，我们就要依据小说的情节，也就是小说中发生的一件件事来概括分析。我们在初读文本的时候就需要确认小说中出现的主要人物，并且明确他们的身份、地位等情况，同时，如果文中对他们有具体描写的地方也需要予以标注，留待下一步分析。

3. 环境

环境描写是指对人物活动的环境和事件发生的背景作描写。小说中的环境描写，主要分为自然环境描写和社会环境描写两个部分。自然环境一般交代故事发生的时间地点气候等，社会环境一般交代故事发生的时代背景、家庭环境、人物活动的特殊场所等。环境，尤其是社会环境，是人物性格形成的土壤，影响着人物的思想、性格和人物对客观生活的理解、认识，初读文本时，我们也要做好相关内容的标记。

4. 主题

小说的主题是指小说通过对现实生活的叙述和描写、对艺术形象的塑造所表现出来的主题思想，是小说的灵魂，也是作品的价值意义。把握住小说的主题是读懂小说的具体体现，但小说的主题表达不像论述类文本那样直白，也不似散文用抒情议论来表达，它往往蕴藏于作品的形象、情节、环境描写中，这就需要我们在联系小说三要素的基础之上，综合思考，才能准确概括出小说主题。

以上四个方面就是我们对于传统小说常见的阅读角度，不过还有一些比较特殊的小说，我们在阅读的时候还需要对一些地方多加注意，比如微型小说、散文化小说和西方小说这三种较为特殊的小说。

微型小说也叫小小说、超短篇小说，篇幅短小，多取材于日常生活中的一件小事，立意奇特，选材小中见大，结局往往出人意料。千字左右的微型小说是高考常考的体裁之一。阅读时除要抓住小说的三要素外，还要重点品读小说的结尾，它往往是小说情节的匠心之处、主题的集中表达之处。

散文化小说，也称抒情小说，是介于散文与小说之间的一种小说文体，是中国现当代小说的新样式。这类小说情节散文化，不以曲折的故事情节取胜，也少有冲突，缺乏悬念，呈现给读者的多是日常生活的自然状态，描写平淡自然。这一类小说我们就要重点关注文中抒情、心理描写的语句和社会环境的描写才能更好地去理解。

外国小说和我们有着不同的文化背景，因此阅读外国小说的时候要尽可能地抓住文中及注释中表明历史、文化背景和习俗的文字，去了解故事发生的背景和文化观念，努力从小说中人物的文化观念和习俗，而不是从自己的文化观念和习俗出发去理解情节和人物的言行和表现。

方法总结

整体阅读方法总结：

第一步：划分层次，初识情节

小说本质上也是一种记叙文，可以按照记叙文方法阅读先明确记叙的对象、事件及其前因后果，把握事件"发生——经过——结果"的完整过程；也可以按照小说情节的基本结构——开端、发展、高潮和结局来把握。无论选择哪种方式，都必须划分层次，概括层意。

第二步：依托情节，初识人物

通过情节的发展及人物自身的言行心理描写，初步判断人物的身份、地位、职业，生活的具体环境，他的言行和想法，他与其他人有着怎样的关系，在此基础上初步把握人物的性格特点。

第三步：抓住时空，初识环境

人物生活在一定的时空里。从时间上看，人物生活在某个时代里；从空间上看，人物生活在哪个特定区域内（如南方或北方，城市或农村等）。抓住了人物生活的时空特点，就能初步认识小说中的环境特点及作用。

第四步：提炼整合，初识主题

把握小说的主题是读懂小说、整体把握小说的具体体现，但小说的主题表达不像论述类文本那样直白，也不似散文用抒情议论来表达，而往往通过象征、暗示、比拟等手法，让读者借助情节、环境等感悟出来。这就是阅读小说"入"和"出"的过程，也是"悟"的过程，要在综合归纳上下功夫，除了要联系小说的三要素看主题外，还可以联系小说的标题、题材、含有意蕴的段落和语句，这样多方联系综合，才能准确概括出小说的主题。

课后作业

阅读下面的文字，梳理小说情节。

天　罢

◎ 赵长天

风，像浪一样，梗着头向钢架房冲撞。钢架房，便发疟疾般地一阵阵战栗、摇晃，像是随时都要散架。

渴！难忍难挨的渴，使人的思想退化得十分简单、十分原始。欲望，分解成最简单的元素：水！只要有一杯水，哪怕半杯，不，一口也好哇！

空气失去了气体的性质，像液体，厚重而凝滞。粉尘，被风化成的极细极小的砂粒，从昏天黑地的旷野钻入小屋，在人的五脏六腑间自由遨游。它无情地和人体争夺着仅有的一点水分。

他躺着，喉头有梗阻感，他怀疑粉尘已经在食道结成硬块。会不会引起别的疾病，比如矽肺？但他懒得想下去。疾病的威胁，似乎已退得十分遥远。

他闭上眼，调整头部姿势，让左耳朵不受任何阻碍，他左耳听力比右耳强。

风声。丝毫没有减弱的趋势。

他仍然充满希望地倾听。

基地首长一定牵挂着这支小试验队，但无能为力。远隔一百公里，运水车不能出动，直升机无法起飞，在狂虐的大自然面前，人暂时还只能居于屈从的地位。

他不想再费劲去听了。目前最明智的，也许就是进入半昏迷状态，减少消耗，最大限度地保存体力。

于是，这间屋子，便沉入无生命状态……

忽然，处于混沌状态的他，像被雷电击中，浑身一震。一种声音！他转过头，他相信左耳的听觉，没错，滤去风声、沙声、钢架呻吟声、铁皮震颤声，还有一种虽然微弱，却执着，并带节奏的敲击声。

"有人敲门！"他喊起来。

遭雷击了，都遭雷击了，一个个全从床上跳起，跌跌撞撞，竟全扑到门口。

真真切切，有人敲门。谁？当然不可能是运水车，运水车会揿喇叭。微弱的敲门声已经明白无误地告诉大家：不是来救他们的天神，而是需要他们援救的弱者。

人的生命力，也许是最尖端的科研项目，远比上天的导弹玄秘。如果破门而入的是一队救援大军，屋里这几个人准兴奋得瘫倒在地。而此刻，个个都像喝足了人参汤。

"桌子上有资料没有？当心被风卷出去！"

"门别开得太大！"

"找根棍子撑住！"

每个人都找到了合适的位置，摆好了下死力的姿势。

他朝后看看。"开啦！"撤掉顶门棍，他慢慢移动门闩。

门闩吱吱叫着，痛苦地撤离自己的岗位。当门闩终于脱离了销眼，那门，便呼地弹开来，紧接着，从门外滚进灰扑扑一团什么东西和打得脸生疼的砂砾石块，屋里霎时一片混乱，像回到神话中的史前状态。

"快，关门！"他喊，却喊不出声。但不用喊，谁都调动了每个细胞的力量。

门终于关上了，一伙人，都顺门板滑到地上，瘫成一堆稀泥。

谁也不作声，谁也不想动。直到桌上亮起一盏暗淡的马灯，大家才记起滚进来的那团灰扑扑的东西。

是个人，马灯就是这人点亮的。穿着毡袍，说着谁也听不懂的蒙语。他知道别人听不懂，所以不多说，便动手解皮口袋。

西瓜！从皮口袋里滚出来的，竟是大西瓜！绿生生，油津津，像是刚从藤上摘下，有一只还带着一片叶儿呢！

戈壁滩有好西瓜，西瓜能一直吃到冬天，这不稀罕，稀罕的是现在，当一口水都成了奢侈品的时候，谁还敢想西瓜！

蒙古族同胞利索地剖开西瓜。红红的汁水，顺着刀把滴滴嗒嗒淌，馋人极了！

应该是平生吃过的最甜最美的西瓜，但谁也说不出味来，谁都不知道，那几块西瓜是怎么落进肚子里去的。

至于送瓜人是怎么冲破风沙，奇迹般地来到这里，最终也没弄清，因为谁也听不懂蒙语，只好让它成为一个美好的谜，永久地留在记忆里。①

😊 板书设计

小说整体阅读方法指导

划分层次，初识情节
依托情节，初识人物
抓住时空，初识环境
提炼整合，初识主题

---

① 为了便于学生理解，引文有所修改。

小说故事情节鉴赏

核心问题

情节是小说的框架和脉络，把握好故事情节，是欣赏小说的基础，也是整体感知小说的起点。高考非常重视情节考查，所考查的题型有：情节梳理概括题，情节及其技巧作用分析题，情节安排构思题。解答这三类试题的关键在于理清行文脉络，只有在理解小说内容的基础上，理清小说的行文线索和发展脉络，才能从整体上把握小说的情节结构，才能很好地解答情节类试题。当然，解答的背后还是以过硬的情节知识为支撑的。本设计就围绕小说故事情节鉴赏进行突破。

教学目标

1. 掌握小说情节类鉴赏的基本知识，能够运用基本知识进行小说故事情节鉴赏。

2. 掌握小说情节类三种典型题型的基本做题思路和答题方法。

教学重难点

教学重点：梳理小说情节类鉴赏的基本知识，能够运用基本知识进行小说故事情节鉴赏。

教学难点：小说情节构思、情节安排类题目的做题思路和答题方法。

课堂在线

一、概念回顾

情节是在小说作品所提供的特定艺术描写的环境中，由于人物之间的相互关系和人与环境间的矛盾冲突，而产生的一系列生活事件的发生、发展直至解决的整个过程。它通常由一组或若干组具体的生活事件组成，在一条基本情节线索的统领下包括许许多多的细节。小说故事中的矛盾冲突是形成情节的基础，也是推动情节发展的动力，冲突双方的人物性格，则直接决定了情节进展的趋向。

二、基础知识

把握好故事情节，是读懂小说的关键，是整体感知小说的起点，更是欣赏小说艺术特点的基础。分析情节不是鉴赏小说的目的，而是手段，为理解人物性格、把握主题服务。

小说情节的运行模式一般有以下几种类型：

1. **基本模式**：小说情节最常见的模式就是开端——发展——高潮——结局四个环节，有时为了介绍人物和背景，在开头会加上"序幕"；为了使结构和情节更加完整，有时也会在结尾加上"尾声"。线索有单线和双线之分。小说是一种叙事性的文学体裁，有时它的情节也可以按照事情的起因、经过、结果来划分。小说的高潮，是故事最感人、矛盾最激烈、人物形象最鲜明的部分。

2. **摇摆模式**：即通常所说的"一波三折"式。大多数小说情节的运行轨迹并不是一条直线，在事件的发展过程中，作者总会让人物在某些地方放慢速度甚至停下来，然后再回到轨道，这就出现了情节的摇摆。这种情节往往扣人心弦，极具魅力。比如在《林教头风雪山神庙》中，小说先写林教头沧州遇旧知，接着写陆虞侯密谋害林冲，林冲怒不可遏，便买了一把解腕尖刀，"带在身上。前街后巷，一地里去寻"，使情节马上紧张起来；可林冲三五日"未见消耗""自心下慢"，不久又接管草料场，情节又趋于平缓。雪大天冷，林冲外出沽酒，回来后见大雪压塌住处，无奈来到一个破旧的山神庙暂住一宿。凑巧听见门外陆谦和富安的谈话，得知自己被陷害，忍无可忍，最终手刃仇敌，情节趋向高潮。可以说整个情节就这样一张一弛，疏密有致，紧紧地抓住了读者的心。

3. "欧·亨利"式：情节发展出乎意料却又合乎情理，在结尾处出其不意地揭露真相。因为美国小说家欧·亨利最擅长运用这种结构，所以称"欧·亨利式结尾"，很多微型的小说就会采用这种方式。

除了以上三种比较常见的模式以外，还有一些小说，尤其是外国的现代小说，在情节结构上还会有一些突出的特点，比如以下几种：

第一，"延迟"式结构。在情节上竭力设置障碍，但又不使读者觉得希望完全破灭，一环扣一环，体现小说的结构张力。如《天嚣》这一篇小说，文本在讲述故事的过程中就巧妙运用了"延迟"的手法：从渴望一口水维系生命到获得大西瓜，从渴望基地同志救援到蒙古族同胞出现，从竭尽全力倾听，希望获得救援又无奈放弃，到突然听到敲门声激起希望。一切都在人物的期待中，但又慢慢消解为另一种结局，突破了正常的思维逻辑，呈现出一种意想不到的"奇迹"，打破了读者的心理预期，留下了充分的想象空间。

第二，"横截面"式结构。这一类小说将时空浓缩到一个点上，通过一个小的横截面来反映一个大的社会问题，在精巧的结构中展开漫长的时间和立体的空间。

第三，按照心理时序而展开的意识流结构。它打破了时间的维度，让人物的意识在超时间的空间里任意往来。比如外文小说《墙上的斑点》，写主人公在一个普通日子的平常瞬间，抬头看见墙上的斑点，由此产生一系列幻觉和遐想。主人公一会儿由斑点联想到钉痕、挂肖像的前任房客；一会儿从对斑点的疑惑联想到生命的神秘、思想的不准确性和人类的无知；一会儿从猜测斑点是一个凸出的圆形联想到一座古冢，进而想到忧伤、白骨和考古……最后发现墙上的斑点不过是一只蜗牛。小说打破传统既定俗套，通过人物头脑中的瞬间印象和冥想、内心活动和情绪变化，思接千载，视通万里，反映生活本质。这一类小说阅读难度比较大，大家在阅读的时候一定要抓住人物的心理活动去阅读。

第四，对话式结构。以人物在特定场景中的富有个性的对话构成作品的主体。言为心声，这种形式便于突出人物性格特征，使结构简洁明快。采用对话的手法，直接切入生活的横断面，透视人物的精神世界，将他们各自所持生活态度的差异显示出来，在有限的篇幅里，折射出较丰富的思想。

三、方法指导

在高考中，小说情节类鉴赏主要从情节梳理概括，情节及其技巧作用分析和情节安排、构思三个方面进行考查。

（一）情节梳理概括

"情节梳理概括"就是要求考生能够按照一定的顺序梳理情节，并用简要的语言加以概括。所以这个部分其实是有两个考查要求，"梳理"和"概括"。高考考查这一考点的试题往往立足于全文，考查全文的故事情节的梳理。考察方式又分为明考和暗考两种方式。

明考型：这类题目的题干中往往有"概括""梳理"等作答动词和"情节""脉络"等表答题方向的名词。比如说"请围绕主人公梳理文章的基本情节""请用简明的语言梳理这篇小说的脉络"。暗考型：题干不是明确要求概括或梳理情节、脉络，而是要求概括人物的心理变化、态度变化、情感变化等。这类题目实际上也属于情节梳理题。例如："请用简洁的文字写出小说中

XX 的态度（心理）的变化过程。

虽然问法不同，但是作答这一类题目时的思路是一致的，针对不同的小说类型，我们往往可以采用以下三种方法：

①"结构法"——按故事发展过程进行概括，也就是按照情节的开端、发展、高潮和结局来划分文章结构，此方法就是我们上节课介绍过的最基本的梳理情节的方法。

②"线索法"——寻找线索（明线与暗线）。如果小说有比较明显的线索的话，我们可以围绕小说中的这个线索进行概括，可作线索的有：事、物、人、情、时间、空间等，如果小说是双线结构的话要注意关注明暗线。这种线索法可以使小说结构清晰，情节集中，很多小说情节都可以用这种方法来梳理。如：鲁迅的小说《故乡》，按地点线索概括可以分为：回故乡——在故乡——离故乡；莫泊桑的小说《项链》，按物品线索概括可以分为：借项链——丢项链——赔项链——还债务——发现项链是假的。

③"场面法"——按人物活动的场面梳理情节。小说中的场面就是人物活动的场所。一般一个场面可以概括为一个情节。如：《林教头风雪山神庙》：酒店遇故友——市场买刀寻仇——看管草料场——山神庙复仇。按照场面的变化，我们也可以大致地把小说的情节梳理出来。

梳理情节的时候，我们可以用"首先……接着……然后……最后"的形式来组织语言。最后在概括情节的时候，我们就可以根据实际情况，用如下这种方式来呈现答案。按照"何时＋何地＋何人＋做何事"的格式加以概括，应有的要素不能缺失，尤其是"何人""做何事"更不能少。"何事"一环中有时要包括"原因、经过、结果"。当故事较复杂、关涉到的人物较多时，为了避免前后情节的相互交错，我们就可从同一角度概括，做到前后贯通。

【题型示例】

（1）（2018·全国新课标卷Ⅲ）简要分析先行者的心理变化过程。

答案示例：①先行者着陆之前，已经知道地球灾难的发生，一方面心存侥幸，一方面又深知连侥幸也不过是幻想，心情复杂纠结。②着陆后亲身感受到地球的荒凉，自认是宇宙间最后一个人类，巨大的孤独感和绝望使他濒临崩溃。③意识到画面有可能并非虚拟，感到震撼，重新燃起了希望。

（2）阅读小说《天罶》，梳理出小说的行文思路。

答案示例：①开端：渲染工地环境恶劣，严重缺水。②发展一："他"听着狂风，想着基地首长一定牵挂着小试验队，但无能为力。③发展二：试验队被困队员们艰难地全力援救蒙古族求助者。④高潮：被援救者请试验队被困队员们吃西瓜，救助大家于危难之中。⑤结局：送瓜人来龙去脉之谜等都成为试验队被困队员的美好回忆。

（二）情节及其技巧作用分析

学生活动：回顾《林教头风雪山神庙》第一自然段内容，思考本部分在全文中有何作用？

话说当日林冲正闲走间，忽然背后人喊。回头看时，却认得是酒生儿李小二。当初在东京时，多得林冲看顾。这李小二先前在东京时，后来不合偷了店主人家财，被捉住了，要送官司问罪。又得林冲主张陪话，救了他免送官司。又与他陪了些钱财，方得脱免。京中安不得身，又亏林冲赍发他盘缠，于路投奔人。不想今日却在这里撞见。林冲道："小二哥，你如何也在这里？"李小二便拜道："自从得恩人救济，赍发小人，一地里投奔人不着。迤逦不想来到沧州，托一个酒店主人，姓王，留小人在店中做过卖。因见小人勤谨，安排的好菜蔬，调和的好汁水，来吃的人都喝彩，以此买卖顺当。主人家有个女儿，就招了小人做女婿。如今丈人丈母都死了，只剩得小人夫妻两个，权在营前开了个茶酒店。因讨钱过来，遇见恩人。恩人不知为何事在这里？"林冲指着脸上道："我因恶了高太尉，生事陷害，受了一场官司，刺配到这里。如今叫我管天王堂，未知久后如何。不想今日到此遇见。"李小二就请林冲到家里面坐定，叫妻子出来拜了恩人。两口儿欢喜道："晚夫妻二人正没个亲眷，今日得恩人到来，便是从天降下。"林冲道："我是罪因，恐怕玷辱你夫妻两个。"李小二道："谁不知恩人大名，休恁地说。但有衣服，便拿来家里浆洗缝补。"当时管待林冲酒食，至晚送回天王堂。次日，又来相请。因此林冲得李小二家来往，不时间送汤送水，来营里与林冲吃。林冲因见他两口儿恭勤孝顺，常把些银两与他做本钱。

【明确】

①这段描写表明了林冲是个乐于助人，济危救贫的善良之人；同时，也表现了他逆来顺受，随遇而安的性格。②这段描写详细交代了林冲与李小二过去的关系，为下文写李小二帮助林冲埋下伏笔。如果没有这段描写，下文写李小二向林冲报告消息的情节就会显得突兀。

理解情节或者某个技巧的作用，一般从内容、结构、手法和读者四个方面来分析。内容上，一般考虑内容与主题的关系；结构上，一般考虑位置，然后思考前后关联的问题；手法上，既要注意常规的修辞，更要关注关涉全文的修辞，既要注意修辞手法，更要关注表现手法，尤其是抑扬、对比等；读者方面则主要关注给读者的感受，比如悬念、想象等，引起读者的阅读兴趣、留下想象空间，引起读者的注意、思考等。对此类题，既要积累一些名词术语，更要结合文章具体分析，答题模式要规范。

分析小说开头情节段落的作用，要做好两点：①精细阅读开头文字，把握其内容要点、开篇方式。②结合开头段落的常见作用答好这篇小说的开头作用。

开头常见作用：环境方面——交代故事发生的环境，渲染气氛；烘托人物心情，奠定感情基调。情节方面——为情节展开做铺垫，推动情节的发展。人物方面——交代人物身份，表现人物性格。主题方面——开篇点题。读者方面——提出疑问，引发读者思考，设置悬念，激发读者的阅读兴趣。

分析小说中间句段作用除要认真阅读，把握内容外，主要应结合其位置考虑其作用：①情节上，推动情节的发展，形成高潮、转折，形成照应或埋下伏笔。照应就是文学作品前后文之间的呼应，能使情节连贯，脉络清晰，结构紧凑。伏笔是指文学作品中，在前段里为后段所作的提示或暗示，在小说中使用伏笔，能使小说情节曲折，结构紧凑，构思精巧，前后呼应。②人物上，表现人物性格（心理），强化人物情感。③主题上，深化主题，突出（暗示）主题。

与小说开头段相比，小说结尾段同样特别重要，它不仅是情感主旨的结穴处，而且是作者用力构思的匠心之处，尤其对于微型小说来说，更是在结尾处引爆"审美的雷管"。因此，小说结尾处成为命题的重点部位和热点区域也就不足为奇了。

见木知林的整体感知。题源于文，做题之前，须以文知题，不论时间多么紧，都必须了解文本写了什么，结尾写了什么，紧扣小说要素，紧扣记叙文体的六大要素，甚至就抓人物、事件两个主要因素，快速知晓小说的主要内容。

扣住结尾的特点分析其作用和效果。小说的结尾有多种类型，有的是自然结尾，有的是奇峰突起，有的是戛然而止，有的是神来之笔……不同的特点有着不同的作用和效果。只有抓住了其中的特点，才能答准答好，这是至关重要的。

表达效果要综合思考：①表现手法上，是否与前文伏笔照应，使人觉得在情理之中。与前文形成对比，升华主题，发人深思。②主旨上，深化（升华）主旨，含蓄点明主旨，揭示小说主题。③人物形象塑造上，表现人物的心理、性格、品质、经历、命运、能力等。④故事情节上，照应标题和开头，使结构紧凑，脉络清晰，合情合理。⑤氛围上，形成小说的独特艺术氛围。⑥读者上，给读者不同的感受体验。

四、情节构思、情节安排

与小说情节相关的手法包含情节叙述手法和情节结构手法。情节叙述手法指的是作者在叙述故事时所用的手法，包含叙述人称、叙述视角和叙述方式；情节结构手法指的是作者在安排情节的过程中所运用的技巧。

所谓情节构思，就是指作者打算怎么写小说，怎么布局小说的结构，它涉及以情节结构为中心的方方面面。要答好这种多要素的整体鉴赏题，须从情节结构出发，综合思考推进情节、表现人物、表达主旨及读者感受等方面的作用或好处。分析这一类题目，有两个关键点：

第一，准确判断情节构思的技巧与特点。

①情节安排的中心。②结构特点（开头与结尾有何特点）。③叙述角度（顺叙、倒叙、插叙、补叙等）。④线索特点（单线与复线、明线与暗线）。⑤叙述人称（第一、二、三人称）。⑥安排技巧（对比、悬念、抑扬、衬托、误会等）。

第二，全面、具体分析表达效果。

在准确判断后，就要结合情节的具体内容作出解释，如"突转"，应指出其原先的情节是什么，"突转"成什么情节；分析表达效果虽然要从人物、主题、环境等方面进行，便于更多地考虑这种技巧自身带来的审美效果，且这种效果最好用术语表达出来，如悬念迭起，激发兴趣，增加神秘性，使情节简洁、曲折等。

分析情节安排技巧题主要按照"情节安排或结构特点＋结合文本具体分析＋表达效果"的方法：

第一步：准确指出情节技巧或结构特点。从情节技巧角度判断，它既包括常规的悬念、突转、对比、虚实等手法（也包括叙述上的特点），也包括文本所特有的安排技巧，如历史与现实交织、对话式等。

第二步：结合文本具体分析。是"一波三折"，就要具体指出文中哪处文字是"波折"；是"悬念法"，就要指出其悬念是什么，等等。

第三步：具体分析表达效果。这是极为重要的一步，需要从情节安排、表现人物、表达主题及读者效果等多方面思考作答。

【题型示例】

（1）（2017·全国新课标卷Ⅰ）小说情节设计巧妙，出人意料，结合全文简析。

答案示例：①出人意料：缺水，却出现西瓜；天气恶劣，却有人敲门；

以为是救援的人，原来是需要援救的弱者。②这样写使情节一波三折，奇崛突兀，新颖、不俗套，打破了读者的心理预测，使人印象深刻，吸引读者，引人入胜。

（2）（2018·全国新课标卷Ⅰ）小说中历史与现实交织穿插，这种叙述方式有哪些好处？请结合作品简要分析。

答案示例：①既能表现当代人对赵一曼女士的尊敬之情，又能表现赵一曼精神的当下意义，使主题内蕴更深刻。②可以拉开时间距离，更加全面地认识英雄，使人物形象更加立体。③灵活使用文献档案，与小说叙述相互印证，使文本内容更充实，也更具真实性。

五、小说故事情节鉴赏

小说的情节是小说中最具体可感的内容，也是高考考查的重点，主要涉及情节概括梳理、情节作用和情节构思、情节安排三个方面的内容，情节梳理可以从小说情节发展角度或者主人公角度进行梳理，情节的作用考虑"四循环一读者"，情节构思、情节安排方面可以从情节叙述手法和情节结构手法两个角度进行思考。

课后作业

回顾必修教材中除《祝福》以外的其余五篇小说，按照小说基本要素，简要梳理文本内容。

☺ 板书设计

小说故事情节鉴赏

小说情节鉴赏要点	情节梳理概括	梳理方法	结构法、线索法、场面法
		概括角度	小说角度、主人公角度
	情节作用		"四循环一读者"
	情节相关手法	叙述手法	叙述人称、叙述视角、叙述方式
		结构手法	悬念、抑扬、照应、伏笔、铺垫、突转等

因形悟神　立象尽意

——小说人物形象鉴赏

人物形象是小说艺术的表现中心，是作品内容的重要因素，更确切地说是作品的主要构成部分。因为小说的核心任务就是通过刻画人物、塑造典型人物形象来揭示社会生活的某些本质问题，从而表现作品的主题。《普通高中语文课程标准》（2017 年版 2020 年修订）学业质量水平对学生在该方面的鉴赏能力有着不同层次的要求。要求学生在鉴赏活动中，能结合作品的具体内容，阐释作品的情感、形象、主题和思想内涵，能对作品的表现手法作出自己的评论。著名作家王安忆曾说过，小说是心灵的历史。毫无疑问，小说是写人的文学，小说要反映社会生活，要表现生活世界，必须写人，写人的心灵，写人的本性，写人与人的关系。人的性格、人的命运、人性的弱点、人性的美丽，无疑都是小说要表现的内容。就这个意义来讲，阅读小说就是读人，读人则主要是读人的内心世界。

因此，本设计将以小说人物形象为突破口，让学生掌握小说阅读鉴赏人物形象的方法，能够准确把握小说人物形象塑造的手法、人物形象的特点及作用，从而更好地理解小说。

教学目标

1. 掌握小说人物形象类鉴赏的基本知识，能够运用基本知识对小说人物形象进行鉴赏。

2. 掌握小说人物形象类三种典型题型的基本做题思路和答题方法。

教学重难点

教学重点：梳理小说人物形象类鉴赏的基本知识，能够运用基本知识进行小说人物形象进行鉴赏。

教学难点：准确概括小说人物形象特征，掌握该类题目的做题思路和答题方法。

课堂在线

一、概念导入

小说的核心任务是通过刻画人物、塑造典型人物形象来揭示社会生活的某些本质问题，从而表现作品的主题。因此，在小说中，人物形象是艺术的表现中心，是作品内容的重要因素，更确切地说是作品的主要构成部分。

在高考中，对于小说人物的考查主要有形象特点概括分析、形象作用分析和赏析形象描写手法三种题型。

形象特点概括分析：

1. 人物形象特征构成

关于小说人物形象的构成，我们可以从"内"和"外"两个方面进行把握。"外"可以从身份（职业岗位）、地位（社会地位）和经历（人生阅历）

几个方面进行分析，"内"则包括性格（教养）、气质、心理几个方面。

学生活动：请同学们结合小说《祝福》，概括祥林嫂的形象特征。

【明确】

身份：寡妇、佣工、乞丐

地位：社会最底层被侮辱、被损害的妇女

经历：一寡，再寡；丧夫，失子；在鲁四老爷家两次帮工，最后被赶出门，沦为乞丐

性格：勤劳、善良、质朴、顽强，不断挣扎与抗争

心理：希望、恐惧、迷惑、质疑

2. 概括人物形象特点的方法与途径

把握了人物形象的基本特征就相当于对人物有了一个初步的印象，接着我们就可以结合文本对人物形象特点进行分析。

学生活动：请同学们结合以前对小说人物形象进行分析的学习经历，回顾分析小说人物形象的方法。

【明确】小说人物形象我们可以从以下几个途径进行分析：

（1）从小说中交代的人物身份、地位、经历、教养等方面入手。小说中人物的身份，其所拥有的社会地位以及他的人生经历、个人涵养、教养等因素，直接决定了人物的言行，影响着人物的性格。如《祝福》中的鲁四老爷，他是"一个讲理学的老监生"，是封建礼教的坚决捍卫者，思想僵化，反对新党，反对一切变革，已经是民国时期，而他还停留在封建时代。鲁四老爷对祥林嫂的态度随着祥林嫂的境遇的变化而变化，起初只是因为她是寡妇，觉得很不吉利罢了，但还能容忍；后来祥林嫂改嫁回来，鲁四老爷实在无法容忍，因为在他的封建伦理观念里，改嫁是女子最大的罪恶，他害怕玷污了祖先。正因为这种歧视，才彻底地毁灭了祥林嫂想要活下去的希望，她被扫地出门，悲惨而死，还要被骂一句"谬种"。

（2）从塑造人物形象的方法入手。通过小说对人物的外貌、动作、语言、心理等的正面描写和侧面描写进行分析，概括出人物的形象（性格）特征。

这是概括分析人物性格时最需关注的一点。

（3）从情节入手。情节是小说故事推进的过程，是人物性格的发展史。在情节的展开中，通过描写人物的外貌、行为和心理状态，再现其鲜明个性。因此，欣赏人物形象，可以从情节入手，据情节论人。

（4）从环境（历史背景）入手。小说中的人物，都是在一定的社会历史背景下活动的。人物的成长变化、人物形象（性格）的形成与社会环境有着密不可分的关系，典型环境塑造典型性格。如《祝福》一课中祥林嫂的性格特点就明显带有时代环境的烙印。

如果离开了人物活动的社会历史背景，在鉴赏人物时就不可能正确地理解人物，更不可能理解人物形象所反映的社会意义。因为人物的个性形成与他的生活环境有关，作者塑造一个人物，都是把他当成特定历史时期的典型人物来塑造的。一个人物形象塑造得成功与否，不但要看他是否有鲜明的"个性"，还要看他是否有广泛的"共性"。而对人物"共性"的分析，就必须放到一定的社会历史背景中去把握。如祥林嫂就是半殖民地半封建社会时期中国农村下层妇女的典型代表。

如果说前三条是侧重对人物个性方面的分析，那么，结合人物的社会历史背景而作的分析则是侧重于共性方面的分析。对人物形象的分析，最好是采用两者相结合的分析方法。

（5）从人物关系、作者议论（评价）、其他人物的评价入手。①许多小说作品所塑造的人物往往不止一个，这就要求我们准确分析几个人物之间的关系，确定主次关系，从他们之间的复杂关系中，把握主要人物的性格特征。②作者的评论或其他人物的评价，更是人物性格特征的直接体现。如《林黛玉进贾府》中贾母对王熙凤的评价"泼皮破落户""凤辣子"，就揭示了王熙凤心狠手辣的性格特点。

作者对人物的态度至关重要。这种情感态度的评价有两种方式：一是对人物的思想倾向与性格特征进行直接评论，或者借作品中某一人物之口说出；二是通过人物自身的行为过程来暗示，犹如看戏剧演出一样，让观众在对人物自身动作的观览中获得某种启示。因此，把握作者或直接或间接介绍与评价人物的语言，是鉴赏人物最为直接的一种方法。

【高考题型示例】

（2018·全国新课标卷 I）小说中说赵一曼"身上弥漫着拔俗的文人气质和职业军人的冷峻"，请结合作品简要分析。

答案示例：文人的气质：①喜欢丁香花，情趣不俗；②时常深情、甜蜜地回忆战斗生活，文雅浪漫；③用大义与真情感化青年，智慧过人。军人的冷峻：①遭严刑拷打而不屈服，意志坚定；②笑对即将到来的死亡，从容淡定；③充满母爱又不忘大义，理智沉稳。

二、形象作用分析

在高考中，对于小说人物形象作用的考查主要分为主要人物的作用、次要人物的作用和"我"的作用。

1. 主要人物的作用

虽然主要人物的作用不是高考的高频考点，但其作用也不容忽视：

（1）对情节的作用。分析主要人物的性格特点，考虑其对情节的推进作用。如果人物性格发生了变化，就要考虑情节是否发生了变化。

（2）对主题的作用。分析人物形象的典型性，考虑其对文章主题的作用，也就是作者塑造人物的用意：反映社会现实和寄托情感。

（3）对社会的作用。分析人物形象的社会意义，结合社会现实深切理解人物对当代社会的思想指导等方面的作用，以及分析人物形象的艺术价值给人们带来的某种启示，这也是作者的真正写作意图。

2. 次要人物的作用

次要人物的作用，首先要关注其自身作用。即次要人物不只是一个线索或情节上的关联人物，一部分次要人物自身还具有鲜明的性格特点，其具有的作用首先是其自身的作用。其次，要关注他在情节、人物、主题、环境等方面的作用：

（1）"情节作用"主要是线索作用，推动（串起）故事情节的发展。

（2）"衬托主要人物"是其主要作用，衬托有正衬和反衬两种，要指明是哪种衬托，是怎样衬托的。

（3）"主题作用"是指次要人物与主要人物一起丰富、深化了主题。

（4）暗示或交代社会环境。次要人物往往是社会环境的体现者和代表者。

学生活动：请同学们阅读小说《赵一曼女士》，分别说明文中大野泰治、董宪勋、韩勇义三人的形象对赵一曼形象的衬托作用。

赵一曼女士

◎ 阿成 [注]

伪满时期的哈尔滨市立医院，如今仍是医院。后来得知赵一曼女士曾在这里住过院，我便翻阅了她的一些资料。

赵一曼女士，是一个略显瘦秀且成熟的女性。在她身上弥漫着拔俗的文人气质和职业军人的冷峻。在任何地方，你都能看出她有别于他人的风度。

赵一曼女士率领的抗联活动在小兴安岭的崇山峻岭中，那儿能够听到来自坡镇的钟声。冬夜里，钟声会传得很远很远。钟声里，抗联的兵士在森林里烤火，烤野味儿，或者唱着"火烤胸前暖，风吹背后寒……战士们哟"……这些都给躺在病床上的赵一曼女士留下清晰回忆。

赵一曼女士单独一间病房，由警察昼夜看守。

白色的小柜上有一个玻璃花瓶，里面插着丁香花。赵一曼女士喜欢丁香花。这束丁香花是女护士韩勇义折来摆放在那里的。听说，丁香花现在已经成为这座城市的"市花"了。

她是在山区中了日军的子弹后被捕的。滨江省警务厅的大野泰治对赵一曼女士进行了严刑拷问，始终没有得到有价值的回答，他觉得很没面子。

大野泰治在向上司呈送的审讯报告上写道：

赵一曼是中国共产党珠河县委委员，在该党工作上有与赵尚志同等的权力。她是北满共产党的重要干部，通过对此人的严厉审讯，有可能澄清中共与苏联的关系。

1936 年初，赵一曼女士以假名"王氏"被送到医院监禁治疗。

《滨江省警务厅关于赵一曼的情况》扼要地介绍了赵一曼女士从市立医院逃走和被害的情况。

赵一曼女士是在 6 月 28 日逃走的。夜里，看守董宪勋在他叔叔的协助下，将赵一曼抬出医院的后门。一辆雇好的出租车已等在那里。几个人上了车，车立刻就开走了。出租车开到文庙屠宰场的后面，韩勇义早就等候在那里，扶着赵一曼女士上了雇好的轿子，大家立刻向宾县方向逃去。

赵一曼女士住院期间，发现警士董宪勋似乎可以争取。经过一段时间的观察、分析，她觉得有把握去试一试。

她躺在病床上，和蔼地问董警士："董先生，您一个月的薪俸是多少？"

董警士显得有些忸怩，"十多块钱吧……"

赵一曼女士遗憾地笑了，说："真没有想到，薪俸会这样少。"

董警士更加忸怩了。

赵一曼女士神情端庄地说："七尺男儿，为着区区十几块钱，甘为日本人役使，不是太愚蠢了吗？"

董警士无法再正视这位成熟女性的眼睛了，只是哆哆嗦嗦给自己点了一颗烟。

此后，赵一曼女士经常与董警士聊抗联的战斗和生活，聊小兴安岭的风光，飞鸟走兽。她用通俗的、有吸引力的小说体记述日军侵略东北的罪行，写在包药的纸上。董警士对这些纸片很有兴趣，以为这是赵一曼女士记述的一些资料，并不知道是专门写给他看的。看了这些记述，董警士非常向往"山区生活"，愿意救赵一曼女士出去，和她一道上山。

赵一曼女士对董警士的争取，共用了 20 天时间。

对女护士韩勇义，赵一曼女士采取的则是"女人对女人"的攻心术。

半年多的相处，使韩勇义对赵一曼女士十分信赖。她讲述了自己幼年丧母、恋爱不幸、工作受欺负，等等。赵一曼女士向她讲述自己和其他女战士在抗日队伍中的生活，有趣的、欢乐的生活。语调是深情的、甜蜜的。

韩护士真诚地问："如果中国实现了共产主义，我应当是什么样的地位呢？"

赵一曼女士说："你到了山区，一切都能明白了。"

南岗警察署在赵一曼女士逃走后，马上开车去追。

追到阿什河以东20多公里的地方，发现了赵一曼、韩勇义、董宪勋及他的叔父，将他们逮捕。

赵一曼女士淡淡地笑了。

赵一曼女士是在珠河县被日本宪兵枪杀的。

那个地方我去过，有一座纪念碑。环境十分幽静，周围种植着一些松树。

我去的时候，在那里遇到一位年迈的老人。他指着石碑说，赵一曼？我说，对，赵一曼。

赵一曼被枪杀前，写了一份遗书：

宁儿：

母亲对于你没有能尽到教育的责任，实在是遗憾的事情。

母亲因为坚决地做了反满抗日的斗争，今天已经到了牺牲的前夕了。

母亲和你在生前是永久没有再见的机会了。希望你，宁儿啊！赶快成人，来安慰你地下的母亲！我最亲爱的孩子啊！母亲不用千言万语来教育你，就用实行来教育你。

在你长大成人之后，希望不要忘记你的母亲是为国而牺牲的！

一九三六年八月二日（有删改）

编者注：阿成，原名王阿成，祖籍山东。中国当代作家，黑龙江省作家协会副主席，哈尔滨作家协会主席。曾经获得全国优秀短篇小说奖、鲁迅文学奖、蒲松龄短篇小说奖等多项奖项。代表作有《马尸的冬雨》《年关六赋》《赵一曼女士》等。

另有一位作家也叫阿城，原名钟阿城，北京人，代表作有《棋王》等。

【明确】①大野泰治：日本侵略者，反衬赵一曼女士作为职业军人的坚定意志。②董宪勋：狱警，由最初的忸怩，不敢正视，哆哆嗦嗦到最后的向往，以至以死相救，衬托出赵一曼女士的人格魅力。③韩勇义：护士，赵一曼对她采取的是"女人对女人"的攻心术，韩勇义衬托赵一曼女士的细致、谨慎和聪慧。

3."我"的作用

在小说中，"我"是个值得关注的角色。首先，同散文中的"我"是作者本身不同，小说中的"我"就是作品中的角色，根本不是作者自己。其次，小说中的"我"主要是文本中的人物，有时也可能是为作品中的一个动物。最后，小说中的"我"既可以是主角，又可以是配角。

高考对"我"的形象的考查主要是两点：形象特点和作用。分析概括"我"的形象特点同分析概括其他人物的形象特点一样，重点是分析作用。"我"有四重作用，当认真体会和把握。①叙述者：起充当线索的作用，从"有限视角"展开描述的好处是"我"既是故事情节的讲述者，又是其中的参与者、见证者，使小说显得真实亲切，拉近了小说与读者的距离，便于抒情。②亲历者：增强了故事的真实性。③参与者：一般作为次要人物，衬托主要人物；有时也是主要人物。④代言者（体验者）：代替作者议论、抒情，表达主旨和情感倾向。

学生活动：请同学们阅读小说《赵一曼女士》，说说小说中的"我"有什么作用。

【明确】①故事的讲述者，"有限视角"展开对话，增强了故事的真实性。②线索人物：穿针引线，便于全方位地展现赵一曼女士的形象。③更有利于表现主题，借"我"的活动及感受，表达对英雄的崇敬，启示人们思考英雄精神在当下的时代意义。

三、赏析形象描写的手法

小说能够多角度、全方位地刻画人物，可以凭借各种艺术手段，从各个角度对人物进行肖像描写、心理描写、语言描写、行为描写和环境描写，既能展现人物音容笑貌、言谈举止和衣着服饰等外在形象，也能呈现出人物心理和思想感情等内在活动，还能完整展现人物与环境的互动关系，从而塑造出丰满而成功的人物形象。

小说塑造人物的方法包括正面描写（直接描写）和侧面描写（间接描写）。主要知识点如下：

1. 正面描写（直接描写）

①肖像描写：肖像描写是对人物形象的外部特征的描写，包括人物的容貌、身材、服饰等。肖像描写对于人物性格和人物形象的完整体现有着重要的烘托作用。从人物肖像描写入手，可以迅速掌握人物的外在特征、身份、地位、教养，甚至内在性格。小说人物的肖像描写有相对静止的整体显示，如同电影中的人物特写镜头一样，从正面刻画人物肖像，如《林黛玉进贾府》中对林黛玉的肖像描写；也可以是对某一局部的重点刻画，如鲁迅在《祝福》里对祥林嫂的眼神的三次描写。

②动作描写：动作描写是指作家对人物富有性格特征的动作所做的生动、具体的描绘和刻画。人的行为动作是人物的思想感情的外在体现，是人物性格的具体展露。如《林黛玉进贾府》中"便不上炕，只向东边椅子上坐了"就表现了林黛玉的小心谨慎。

③细节描写：细节描写是指对文学作品中的人物、环境或事件的某一局部、某一特征、某一细微事实所作的具体、深入的描写，能更细腻地展示人物的某一特征。如《林黛玉进贾府》中林黛玉对"读书"问题的两次不同的回答，就展现了林黛玉小心谨慎的性格。

值得注意的是，细节描写包括动作描写细节、心理描写细节、语言描写细节、环境描写细节等。这些细节描写的作用有：①刻画人物性格、爱好、追求；②深化主题；③推动情节发展；④渲染时代气氛、地方特色；⑤渲染人物心情、心理活动。

④语言描写：小说的语言描写包括对话和独白。个性化的对话，可以

显示人物的不同性格。鲁迅笔下人物的语言，符合人物的性格特征，如孔乙己的迂腐斯文，杨二嫂的尖刻利己，阿Q的自欺自慰，无不绘形绘色，跃然纸上。富有特征的内心独白，也是透视人物内心隐秘、展现人物性格特点的一种重要方式。如《守财奴》中葛朗台的一句独白："那简直是抹自己的脖子！"这句话直接揭示了人物对金钱赤裸裸的占有欲。

⑤心理描写：心理描写直接表现人物的思想和内在情感（矛盾、焦虑、担心、喜悦、兴奋等），表现人物思想品质，刻画人物性格，推动情节发展，可以使人物"深刻化"，在人物描写中具有重要的意义。如《项链》里对玛蒂尔德的一段心理分析，让现实生活与她的梦想形成鲜明的对照，突出了现实与梦想的尖锐矛盾，揭示了玛蒂尔德一心想摆脱寒酸的生活而挤入上流社会，成为生活优裕而受人奉承的贵夫人的心理。

2. 侧面描写（间接描写）

侧面描写又叫间接描写，是从侧面烘托人物形象，通过对周围人物或环境的描绘来表现所要描写的对象，以使其鲜明突出，激发读者的想象，含蓄曲折地表现人物形象。有借助其他人物对比衬托、借物象衬托、借环境烘托三种类型。

学生活动：鲁迅是一位细节描写大师。他在《祝福》中对祥林嫂集中进行了三次外貌描写，在这三次描写中，鲁迅都对其眼睛进行了极其精细、精彩的刻画，试分析这三次眼睛细节描写的内涵和作用。

【明确】①首先（第一处）写祥林嫂"顺着眼"，写出了她初到鲁家的胆怯，性格的温顺与善良。另外（第二处）写祥林嫂"顺着眼"，但"眼角上带些泪痕，眼光也没有先前那样精神了"，表明祥林嫂依然那么温顺、善良，但经过丧夫丧子的重大打击，已极度悲哀，几乎完全失去了生活的希望。最后（第三处）写祥林嫂的眼珠"间或一轮"，表明祥林嫂在被鲁家赶出后沦落为乞丐，已经完全绝望、麻木，仅仅是个"活物"罢了。②三次眼睛细节的描写，写出了祥林嫂命运的每况愈下；三次描写层层深入，对照鲜明，震撼人心。

课堂总结

　　鉴赏小说的人物形象是小说阅读的重点之一，主要涉及形象特点概括分析、形象作用分析和赏析形象描写的手法三个方面的内容。我们可以从人物自身特征、情节、环境、塑造人物的手法和人物关系等方面来概括人物形象的特点；人物形象的作用主要从人物、情节、环境、主题等角度来考虑；赏析人物描写的手法主要还是从正面描写和侧面描写两个方面去分析。

板书设计

因形悟神　立象尽意
——小说人物形象鉴赏

小说人物鉴赏	鉴赏方向	鉴赏要点
	概括小说人物的特点	人物特征、情节、环境、塑造人物的手法、人物关系
	分析小说人物形象的作用	人物、情节、环境、主题
	赏析小说人物描写的手法	正面描写、侧面描写

聚焦人物舞台　读懂风景意义

—— 小说环境鉴赏

核心问题

环境描写是小说中的重要内容。随着叙事学不断受到重视，环境描写作为小说鉴赏的重要内容也越来越受到高考命题人的重视，《普通高中语文课程标准》（2017 年版 2020 年修订）学业质量水平对学生该方面的鉴赏能力有着不同层次的要求。要求学生在鉴赏活动中，能结合作品的具体内容，阐释作品的情感、形象、主题和思想内涵，能对作品的表现手法作出自己的评论。福建语文名师邹春盛曾说，在叙事学理论视野下，所有的环境描写都是为叙事服务的，所有的景物都是有意义的，是为作品营造一个叙事空间。叙事者和作品的人物，就是在特有的叙事空间展开他们的喜怒哀乐的。

因此，本设计就是把环境描写置于叙事的舞台，希望学生能够通过对小说环境的把握从而加深对小说文本的理解。

教学目标

1. 掌握小说环境类鉴赏的基本知识，能够运用基本知识进行小说环境鉴赏。

2. 掌握小说环境类三种典型题型的基本做题思路和答题方法。

教学重难点

教学重点：梳理小说环境类鉴赏的基本知识，能够运用基本知识进行小说故事环境鉴赏。

教学难点：准确把握小说环境描写的常用手法，掌握该类题目的做题思路和答题方法。

课堂在线

一、基础知识

小说环境描写，又叫景物描写，是对小说中人物所处的具体的自然环境和社会环境的描写。环境描写能够显示人物活动的环境，使读者身临其境。

自然环境描写指对日月星辰、山川河流、花草树木、鸟兽鱼虫、时序节令、风雨雪霜等自然景物进行的描写。自然环境交代了人物活动的时间、地点、时令、气候等情况。

社会环境，是指人物活动、事件发生、情节展开的社会背景、历史条件、地方的风土人情、时代风貌、社会关系、政治、经济等，主要是交代人物的生存环境、社会关系等。它包括的范围很广，小至房间住所、一街一巷，大至城区地区。它涉及的内容很多，可以是室内的布局、陈设，住宅内外的装饰布置，以及当地风土人情等。它有大有小，大的有城市地域等，小的有居所、家庭等；它有硬有软，"硬"指的是看得见的如建筑器物等，"软"指的是人际关系、风土人情等。社会环境是人物性格形成、发展的土壤，影响着人物的思想和人物对客观生活的理解和认识。

二、教材回顾

必修教材所选的小说篇目中有很多精彩的环境描写，我们可以来赏析一二。

（文段一）

黄昏来时翠翠坐在家中屋后白塔下，看天空为夕阳烘成桃花色的薄云。……天快夜了，别的雀子似乎都在休息了，只杜鹃叫个不息。石头泥土为白日晒了一整天，草木为白日晒了一整天，到这时节皆放散一种热气。空气中有泥土气味，有草木气味，且有甲虫类气味。翠翠看着天上的红云，听着渡口飘乡生意人的杂乱声音，心中有些儿薄薄的凄凉。

月光如银子，无处不可照及，山上篁竹在月光下皆成为黑色。身边草丛中虫声繁密如落雨。间或不知道从什么地方，忽然会有一只草莺"落落落落嘘！"嗾着它的喉咙，不久之间，这小鸟儿又好像明白这是半夜，不应当那么吵闹，便仍然闭着那小小眼儿安睡了。

——沈从文《边城》

这是两段典型的自然环境的描写。从桃花色的薄云到空气的味道，如银的月色，繁密的虫声，沈从文先生为我们勾勒出了一幅清幽宁静，远离世俗的尘嚣的边城美景，正是这样的美景映衬出湘西人心灵的明净。于是，自然纯朴的人性美和清丽明净的自然美也就构成了一种"优美、健康、自然而又不悖乎人性的人生形式"！

（文段二）

自上了轿，进入城中，从纱窗向外瞧了一瞧，其街市之繁华，人烟之阜盛，自与别处不同。又行了半日，忽见街北蹲着两个大石狮子，三间兽头大门，门前列坐着十来个华冠丽服之人。正门却不开，只有东西两角门有人出入。正门之上有一匾，匾上大书"敕造宁国府"五个大字。黛玉想道：这必是外祖之长房了。想着，又往西行，不多远，照样也是三间大门，方是荣国府了。却不进正门，只进了西边角门。那轿夫抬进去，走了一射之地，将转弯时，便歇下退出去了。后面的婆子们已都下了轿，赶上前来。另换了三四个衣帽周全十七八岁的小厮上来，复抬起轿子。众婆子步下围随至一垂花门前落下。众小厮退出，众婆子上来打起轿帘，扶黛玉下轿。林黛玉扶着婆子的手，进了垂花门，两边是抄手游廊，当中是穿堂，当地放着一个紫檀架子大理石的大插屏。转过插屏，小小的三间厅，厅后就是后面的正房大院。正面五间上房，皆雕梁画栋，两边穿山游廊厢房，挂着各色鹦鹉、画眉等鸟雀。台矶之上，坐着几个穿红着绿的丫头，一见他们来了，便忙都笑迎上来，说："刚才老太太还念呢，可巧就来了。"于是三四人争着打起帘笼，一面听得人回话："林姑娘到了。"

——曹雪芹《红楼梦》

寥寥数语，豪门气派跃然纸上。大石狮子、兽头大门、匾上大书"敕造宁国府"五个大字。连续使用几个"大"字。同时，守门人不是一个两个，而是十来个；穿着不是随随便便的，而是穿戴华冠丽服。这段描写给人一种气势煊赫，门禁森严的感觉，同时透过黛玉的眼睛，我们还看到了紫檀大理石的插屏、雕梁画栋的上房，贾府宏伟的外观，讲究的布局，华贵的陈设，果然与别家不同。此外，人与人之间也内外有别，等级分明。轿子进入荣府，"一箭之地"就要换成小厮来抬，到了垂花门，小厮也要"肃然"退出，由众婆子搀扶进去，到了正房大院才由丫头迎进屋内。这段叙述从侧面让我们看到了封建贵族家庭的等级观念和礼规的繁琐。

三、方法指导

在高考中，往往会从以下三个方向对小说的环境部分进行考查：1. 概括环境的特点。2. 分析环境描写的作用。3. 赏析环境描写的手法。

1. 概括环境的特点

概括环境特点，就是要求考生能够对小说中环境的特点予以概括，并用简要的语言加以表述。环境分为自然环境和社会环境，环境特点的概括也就分为自然环境特点概括和社会环境特点概括两类。

这种类型的题目，往往有"概括""分析"等作答动词和"特征""特点"等表答题方向的名词，提问时常用疑问词"怎样""什么样"。

【题型示例】

（1）小哥儿俩是在什么样的家庭环境中成长的？请简要分析。

（2）文中第②段的环境描写，突出了古城怎样的特点？

（3）请简要概括这篇小说中小城生活的特点。

对于特点概括类的题目，我们可以按照以下三个步骤进行解答。

第一步：审题干，分类型。根据题干中的关键词，确定题目是概括自然环境特点还是社会环境的特点，或是概括两种环境描写。

第二步：依类型，找角度。概括自然环境，主要从景的"形、声、色"角度分析概括环境特点，要归纳这些景物有什么共同的特征。概括社会环境，则可以从以下角度进行考虑：①从"时""地"的角度思考，"时"泛指时间，具体指时代背景、写作时间，"地"泛指地点，具体指人物活动的场所、所处地方的地域风情、风俗习惯、文化氛围，等等，看看地点呈现出怎样的特点。②从"人"的角度思考，"人"指人物，主要指从人与人之间的关系角度分析。人际关系是十分重要而虚化了的社会环境，通过厘清人物之间的关系，判断人际关系是友善的还是紧张冷漠的，等等。同时，还需要关注人物的生存情况，比如经济状况、工作状态、心境，等等。

分析清楚以后，第三步就是抓修饰，作归纳。小说环境描写中往往有诸多修饰性描述，尤其就要关注文中这些描写环境的修饰词。如果文中没有这些词语，则需要自己选用词语来概括，比如春意盎然、生机勃勃、阴暗低沉、萧瑟冷清、清丽明净、华贵讲究，等等。

【赏析演练】

学生活动：请同学们阅读下列语段，并概括这两段中的环境各自有着怎样的特点。

（文段一）

秋天，刚刚收获过的土地湿润、疏松，可爱极了。稼禾的秸秆都拉走了，香气却留在田埂上。杂生在玉米和豆棵里的草叶儿显露出来，又绿又嫩。蚂蚱在草棵间蹦跳、起飞，很欢快的样子。

（文段二）

夜晚，月亮很早就升起来了。小格在里屋坐了一会儿，听到院子里有露水滴落的声音，就走了出来。大地朦朦胧胧，一片白色。她觉得心上不知怎么热乎乎的，很想往远处走一走……走着走着，她的脚步急了起来；再后来她听到河水的声音了。她来到芦青河湾了。月光下，河湾的浅水处一片油绿。那柔软细长的草叶儿像人工整出的一般齐、一般好，茂盛极了。

【明确】文段一主要是自然环境的描写。描写了土地、秸秆、草叶、蚂蚱等景物，原文里面有两个关键的修饰语"可爱""欢快"，但是这两个词语主要是一种主观的感受，并不能直接用来概括环境的特点，所以我们需要自己概括，于是就可以得出环境充满生机的特点。文段二也是关注自然环境的描写。露水滴落的声音，可以概括出环境很静谧，这里的"朦胧"一词可以保留，后面的这个部分的特点可以概括为充满生机和希望。

【赏析演练】

学生活动：请同学们阅读下列语段，并概括文段中环境的特点。

建筑物的大片墙皮已经脱落，露出红砖和白色的墙体。窗户上连玻璃也没有。三月冰冷的雨一直下着，地面上积了一个个小水坑。很久以前战斗刚打响时村民们就离开了这个名叫罗斯多夫的小村庄。村子里有二十所小房子、一座东正教教堂、一口井和几条泥泞的小道。一百公里内几乎看不到人。

【明确】第一步——审题干，分类型。从题干中的"环境"看，不能定位是自然环境还是社会环境，需要读文，依据文本确定环境类型。文段中既有自然环境描写，也有社会环境描写。第二步——依类型，找角度。文中对应的要点，从景物"形、声、色"角度，"冰冷的雨""一个个小水坑"，这些属于自然环境，写出了天气的阴冷。再从社会环境看，从场所角度"墙皮已经脱落""连玻璃也没有"写出了战争造成的村庄的破败景象；"村民们就离开了这个名叫罗斯多夫的小村庄""几乎看不到人"写出了战争造成的荒凉景象。综合得出答案，本文段的环境特点是天气阴冷，战争造成村庄破败、荒凉。

2. 分析环境描写的作用

和小说其他类型的作用类题目一样，小说环境描写的作用也是小说环境类考查中的一种常考题型。这一类题目，题干中往往都有"分析""赏析"等作答动词和"环境（景物）描写""作用""功能"等表答题方向的名词。但是审题时，需要审清题目当中有没有一些其他的限制。我们来看几个典型提问：

（1）（2019·全国卷Ⅱ）小说中的卢森堡公园苗圃在情节发展中有重要作用，这种作用体现在哪些方面？请结合作品简要分析。（《小步舞》）

（2）（2019·全国卷Ⅲ）小说中有多处景物描写，请分析其功能。（《到梨花屯去》）

（3）（2018·江苏卷）分析小说画线部分的景物描写对情节发展的作用。（《小哥儿俩》）

审读题目就可以看到，第1、3题前面都有一个限制，就是对"情节发展"的作用，第2题就没有这样的限制，就需要综合去分析。那小说的环境描写在小说中起着怎样的作用呢？我们来回顾一下我们教材中的两个例子。

学生活动：请同学们回顾鲁迅作品《祝福》，说一说下列的环境描写在文中有何作用。

①天色愈阴暗了，下午竟又下起雪来，雪花大的有梅花那么大，满天飞舞，夹着烟霭和忙碌的气色，将鲁镇乱成一团糟。

②雪花落在积得厚厚的雪褥上面，听去似乎瑟瑟有声，使人更加感到沉寂。

③远处的爆竹联绵不断，似乎合成一天音响的浓云，夹着团团飞舞的雪花，拥抱了全市镇。

【明确】①这是小说一开始描写的一段雪景，作者着力写雪的大而乱，象征鲁镇祝福前夕的忙乱，为祥林嫂悲惨的死作环境烘托和气氛渲染，也渲染"我"心绪的烦乱，为"我明天决计要走"作铺垫。

②这一段雪景的描写，是在祥林嫂死后，烘托祥林嫂死的凄惨悲凉，也衬托当时"我"的无可奈何和内心无法言说的愤懑。

③文末再次描写雪的"大"而"猛"，寄托作者对亡灵最沉重的哀悼，将其最大的哀痛显示于读者面前，这种感情与家家户户的欢乐喜庆格格不入，强烈的反差带给读者强烈的艺术震撼，深化了文章的悲剧主题。

同样是对大雪的描写，我们再来看《林教头风雪山神庙》。

①正是严冬天气，彤云密布，朔风渐起，却早纷纷扬扬卷下一天大雪来。（林冲怀着复杂的心情来到草料场，这时天空却起了变化，风雪初起。）

②雪地里踏着碎琼乱玉，迤逦背着北风而行。那雪正下得紧。（在林冲觉得身上寒冷去沽酒御寒的路上，作者再次描写了风雪，雪势正大。）

③看那雪到晚越下得紧了。（林冲喝了一顿闷酒仍旧迎着北风回来，雪更大了。）

《林教头风雪山神庙》中的描风绘雪是极富神韵的，除了对大雪的正面描写以外，还有很多的侧面描写。结合故事情节，我们会看到：林冲刚到草料场，"却早纷纷扬扬卷下一天大雪来"，说明矛盾冲突正在酝酿；沽酒时，"那雪正下得紧"，预示气氛趋于紧张；林冲夜宿山神庙时，那雪"越下得紧"，烘托出高潮的来临：风雪为人物的活动渲染气氛。同时，风雪也为情节的发展提供一定的条件：正是因为风雪，林冲才想喝酒驱寒，才会在买酒的途中看到山神庙；草屋被风雪压塌，林冲才到山神庙夜宿，因此才和陆谦等人相遇，洞悉高俅对自己的迫害，最终奋起反抗。风雪可以说是故事发展的重要因素。

通过对教材内容的回顾，就可以整理出小说环境描写的以下作用：

从环境本身的角度看：①交代故事发生的时间或地点；②暗示社会环境，如背景、习俗、思想观念以及人与人之间的关系等；③渲染气氛，奠定基调。从情节角度看：①暗示或推动情节的发展；②为后文情节的发展做铺垫或制造悬念；③作为情节发展的线索；④与标题相呼应，诠释标题的内涵；⑤开头的环境描写，引出下文××内容（为下文××做铺垫），与结尾相呼应；

⑥结尾的环境描写，与上文××内容相呼应，结构完整。从塑造人物的角度看：①烘托心情；②体现身份、地位、性格等；③揭示人物心境，暗示命运。表现主题的角度：①揭示社会本质特征，凸显主题；②深化主旨；③寄托作者的思想情感。读者感受的角度：环境描写可以让读者身临其境，有一种真实感，社会环境的描写，可以让读者能够更好地了解时代背景、社会风俗，等等，加深对文章主题的把握，引发读者的思考。

因此小说环境描写的作用依然是可以从"四循环一读者"的角度结合文本来分析作答。

为了让答题的表述更加规范，最后整理答案的时候，可以按照这样的表达思路来呈现：①环境本身（交代……时间，交代……背景，营造……氛围，渲染……气氛）→②情节（推动、暗示、铺垫）→③人物（烘托、映衬）→④主题（表达、寄托、暗示、揭示）→⑤读者（身临其境、加深理解、引发思考）。

3. 赏析环境描写的手法

小说描写的手法是指作者在进行环境描写时所运用的各种技巧。这一类题目的提问方式比较灵活，比如常见的设问方式有：①小说是如何描写某处的（画线处的）景物（环境）的？②请对小说某处的（画线处的）景物（环境）描写作简要赏析。③小说中某处的（画线处的）的景物（环境）描写有何特点。尤其要关注第③种提问，要注意区分其和小说中某处的环境有何特点的区别。此外，还有一种提问方式，前面会限定分析的角度，比如，从修辞手法的角度，对小说中某处的（画线处的）景物（环境）描写进行分析。

根据环境描写手法的内容，我们可以从以下几个方向进行分析。

（1）从描写的技巧看：动静结合（以动衬静，以静衬动，起烘托作用，相得益彰）、虚实结合（"实"指现实存在的事物，"虚"指作者想象和联想）、正侧描写、细节描写、工笔（对对象多用笔墨做细致入微地刻画）和白描（抓住描写对象的特征，用精练的语言，寥寥数笔就写出活生生的形象来，表现出自己对事物的感受）等。

（2）从修辞手法看：借助比喻、拟人、夸张、排比等修辞方法来表现。

（3）从写景角度看：①感觉角度——视觉、听觉、味觉、嗅觉等（形、声、色、味等角度对景物进行具体细致地描写）；②观察角度——定点观察、移步换景、俯视仰视、平视，等等；③写景顺序——由远及近（或由近及远）、由高到低"或由低到高"。

呈现答案的时候，为求规范和答案的全面，往往采用指出环境描写的具体手法——结合文本分析手法——概述环境特点及手法的效果的方式来作答。如果有多种手法的运用，则每种手法一点，分点作答。

学生活动：下面语段描写了峡谷的险峻气势，请简要分析其特色。

万丈绝壁垂直而下，驮队原来就在这壁顶上。怒江自西北天际亮亮而来，深远似涓涓细流，隐隐喧声腾上来，一派森气。俯望那江，蓦地心中一颤，再不敢向下看。

【明确】题干中说描写了峡谷险峻气势，所以我们先看语段中能够表现峡谷险峻气势的地方，第一句，我们能看到观察的角度是在壁顶，紧接着写的是峡谷中的怒江，从视觉、听觉来写，最后蓦地心中一颤，"再不敢向下看"则是从内心的感受来写的。可以整理答案如下：画线部分以壁顶为观察点，变换视角，从视觉、听觉、内心感受等多方面进行描写，从腾上来的隐隐喧声到俯望时的心中一颤，写出了峡谷的险峻气势，使人如临其境。

课堂总结

值得注意的是，在实际考查的过程中，这三个点往往会结合起来考查，比如会问，小说某处的（画线处的）景物（环境）有何特点的？是如何描写的？或者是小说某处的（画线处的）景物（环境）描写有何特色，请简要分析，并说说其在小说中的作用等等，不一而足，审题的时候要注意审清要求，看看一共涉及了几个考查点。

我们一起来总结一下本节课的主要内容。小说环境鉴赏主要涉及概括环境的特点、分析环境描写的作用和赏析环境描写的手法三个方面。关于概括环境的特点的题目，我们一般按照审题干，分类型——依类型，找角度——抓修饰，作归纳三个步骤来进行概括。分析环境描写的作用主要是从"四循环一读者"进行考虑。赏析环境描写的手法则是从描写的技巧、修辞角度和写景角度三个方面去分析。

课后作业

下面语段对客厅的环境描写运用了什么手法？写出了客厅怎样的特点？

我和我的妻子走进客厅里。那儿弥漫着霉气和潮气。房间已经有整整一个世纪不见亮光，等到我们点上烛火，照亮四壁，就有几百万只大老鼠和小耗子往四下里逃窜。我们关上身后的房门，可是房间里仍然有风，吹拂墙角上堆着的一叠叠纸张。亮光落在那些纸上，我们就看见了古老的信纸和中世纪的画片。墙壁由于年陈日久而变成绿色，上面挂着我家祖先的肖像。

【明确】①该语段运用了白描和夸张的手法来描写客厅环境。如"那儿弥漫着霉气和潮气""房间里仍然有风""古老的信纸和中世纪的画片""墙壁由于年陈日久而变成绿色"运用了白描手法；"房间已经有整整一个世纪不见亮光""几百万只大老鼠和小耗子往四下里逃窜"运用了夸张的手法。②写出了客厅潮湿阴暗、古老陈旧、冷寂破败的特点，沉闷、压抑、令人窒息。

☺ 板书设计

聚焦人物舞台　读懂风景意义

——小说环境鉴赏

	鉴赏方向	鉴赏要点
小说环境鉴赏	概括小说环境的特点	审题干，分类型——依类型，找角度——抓修饰，作归纳
	分析小说环境描写的作用	"四循环一读者"
	赏析小说环境描写的手法	描写技巧、修辞手法、写景角度

小说阅读之主题探究

核心问题

小说的主题是小说的核心，一般是通过人物形象及情节的描绘，阐述人生哲理、社会问题、价值观念等，是作者的写作目的，也是作品的价值意义所在。小说的主题隐含在小说的情节和人物塑造之中，这种对生活事件和人物命运的理性认识和小说作者的主观思想有直接联系，作者的思想认识和创作时的主观意图深刻地影响着小说主题的形成。

在鉴赏小说主题时，学生应该通过细读文本，从文本的字里行间，深入思考作者在塑造小说人物形象和安排小说故事情节里寄寓的主观意图，而且还要进一步挖掘那些作者尚未意识到的、形象本身获得艺术生命时滋生的客观内涵。

教学目标

1. 了解小说主题相关概念，理解小说主题的作用。

2. 探讨作品的创作意图，对作品主题解读，学会从不同的角度和层面发掘作品的丰富内涵。

3. 探究高考试题中小说主题探究题的答题方法。

教学重难点

教学重点：了解小说主题相关概念，理解小说主题的作用。

教学难点：探究高考试题中小说主题探究的途径和方法；理解小说主题的复杂性和多义性。

课堂在线

一、概念阐释

小说的主题是作品通过对现实生活的描绘和艺术形象的塑造所表现出来的中心思想，是小说的题旨和思想内容的集中体现。人物的塑造、情节的构思、环境的设置最终都是为表现主题服务的。

如果说情节是小说的躯体，人物形象是小说的血肉的话，那么主题便是小说的灵魂，是小说的核心。主题的深浅往往决定着作品价值的高低，因此，欣赏小说就必须欣赏小说的主题。

主题是融合在小说作品的人物形象尤其是主人公形象、巧妙的情节布局以及环境描写和高明的语言技巧之中的，需要靠读者整体把握、分析和挖掘。

二、探究主题的角度

小说主题具有多义性、复杂性、模糊性，是通过情节设计和人物塑造含蓄甚至隐晦地传达出来的，因此，理解小说主题就要综合各种信息，具体可从以下角度入手：

1. 从题材内容看主题

小说创作常常是"主题先行"，即在动笔之前，作者已经想好选取怎样的题材来反映怎样的生活，传达怎样的情感，表现怎样的思想。小说描绘的社会生活及具体事件，可以反映作者的价值判断和对人性善恶、社会现实、历史文化、民族心理等的理解。

例如《边城》中，作者就选取了当地优美的自然风光、热情奔放的民俗活动、质朴善良的人作为题材。作者通过对质朴善良的人和热情奔放的民俗活动的描写，描绘出湘西和睦安定的社会生活，表达了对这片极具淳朴民风的土地的热爱和向往，对优美、健康、自然合乎人性的人生形式的赞美，对自然美、民风美、人性美的歌颂。

2. 从人物塑造看主题

塑造典型人物是小说表现主题的重要手法。小说塑造人物形象的目的在于揭示社会矛盾，反映现实生活，这里的"社会矛盾"与"现实生活"就是小说反映的主题思想。小说每一个典型形象的塑造都是有目的的，分析小说主题，就是把作者塑造典型形象的目的揭示出来，看小说通过对典型人物的刻画揭示了社会生活的哪些本质，看人物的性格特征折射了哪些社会历史内涵。

主要人物是故事的主角，他们的际遇、命运归宿、性格心理常能反映社会生活的本质，显示作品的主题。以《祝福》中对祥林嫂这一主要人物的刻画为例。

三次肖像描写：

五年前的花白的头发，即今已经全白，全不像四十上下的人；脸上瘦削不堪，黄中带黑，而且消尽了先前悲哀的神色，仿佛是木刻似的；只有那眼珠间或一轮，还可以表示她是一个活物。她一手提着竹篮，内中一个破碗，空的；一手拄着一支比她更长的竹竿，下端开了裂：她分明已经纯乎是一个乞丐了。（肉体被摧垮、精神已死亡）

头上扎着白头绳，乌裙，蓝夹袄，月白背心，年纪大约二十六七，脸色青黄，但两颊却还是红的。（虽不幸，却健壮）

她仍然头上扎着白头绳，乌裙，蓝夹袄，月白背心，脸色青黄，只是两颊上已经消失了血色，顺着眼，眼角上带些泪痕，眼光也没有先前那样精神

了。（虽悲惨，尚有生气）

分析：三次描写概括了祥林嫂不幸的一生，揭示了封建制度和封建礼教对祥林嫂的迫害和摧残。三次同中有异、异中有同的外貌描写对反封建的主题起到了见微知著、画龙点睛的作用。

小说中的人物有主要人物，也有一些线索人物和陪衬人物等次要人物。在分析作品主题时，要充分考虑这些人物之间的关系。如《孔乙己》中，作者通过酒店小伙计的观察，写出了酒店老板、短衣帮、官员对孔乙己的不同态度，揭示了封建科举制度对文人的毒害和世态炎凉以及麻木不仁的群众。

从人物塑造看主题。首先分析每个人的性格特征；其次分析通过这些人物的典型性格揭示了社会生活的哪些本质，折射了哪些社会历史内涵。

3. 从情节（事件）看主题

小说情节（事件）的中心必须以某些矛盾（或某个线索）为内容，矛盾怎样发展和怎样解决，无不体现人物的性格，体现作者对这些问题的看法。从这些看法中理解主题同样也是小说鉴赏中被经常运用的方法。情节的发展是典型人物的变化和成长的历史，同时也是揭示主题的过程。

例如《老人与海》中的主要情节（事件）——人与鲨鱼的搏斗

	第一回合	第二回合	第三回合	第四回合	第五回合	
过程	与一条鲭鲨搏斗	与两条铲鼻鲨搏斗	与一条犁头鲨搏斗	与另两条铲鼻鲨搏斗	与群鲨搏斗	人可以被消灭，但不能被打败
结果	杀鲭鲨，丢鱼叉。鱼被吃掉40磅	杀铲鼻鲨，鱼被吃掉四分之一	杀犁头鲨，折断刀子	击退铲鼻鲨，鱼半个身子被咬烂	丢短棍，舵把断。鱼只剩残骸	

这是一场人与自然搏斗的惊心动魄的悲剧。老人没取得任何胜利就付出了惨重的代价，最后遭到无可挽救的失败。但从某种意义上来说，他也是一个胜利者。因为他不屈服于命运，无论在多么艰苦卓绝的环境里，他都凭着自己的勇气、毅力和智慧进行了奋勇的抗争。大马林鱼虽然没有保住，但他

却捍卫了"人的灵魂的尊严"，显示了"一个人的能耐可以达到什么程度"，是一个胜利的失败者，一个失败的英雄。这样一个"硬汉"形象，正是典型的海明威小说中的小说人物。

这个主要情节中的鲨鱼这一形象象征着与人作对的社会与自然的力量，而老人在与之进行的殊死搏斗中，表现出了无与伦比的力量和勇气，不失人的尊严，虽败犹荣，精神上并没有被打败。可以说，这样一个形象，完美地体现了作者所说的"你尽可把他消灭掉，可就是打不败他"的思想。

4. 从环境描写看主题

环境常常有助于表现人物的性格，决定人物的命运，而人物的性格成因、命运变化中蕴含着作品的主题。所以分析环境的特点可以窥见人物的性格，进而揭示主题。有时候，环境能反映时代背景，或者具有某种象征、隐喻的性质，可以让读者从中揣摩主题。

例如：《祝福》

作者巧妙地把祥林嫂悲剧性格的几次重大变化，都集中在鲁镇"祝福"的特定环境里，三次有关祝福的描写，不但表现了祥林嫂悲剧的典型环境，而且也印下了祥林嫂悲惨一生的足迹。

第一次是描写镇上各家准备"祝福"的情景，显示了辛亥革命以后中国农村的状况：封建势力和封建迷信思想对农村的统治依旧存在，揭示了祥林嫂悲剧的社会根源，预示了祥林嫂悲剧的必然性。第二次是对鲁四老爷家祝福的描写，表现出强烈的宗法思想和礼教淫威把祥林嫂一步步逼上了死亡的道路。第三次结尾通过"我"的感受来描写。祥林嫂的惨死与"天地圣众预备给鲁镇的人们以无限的幸福"的气氛形成鲜明对照，深化了对旧社会吃人本质的揭露，首尾呼应，结构完整。小说始于祝福，中间又再一次写到鲁四老爷家的祝福，终于祝福。情节的发展与祝福有着密切的联系。封建礼教正是通过祝福这样的典型事件在精神上多次摧残，以至于杀害了祥林嫂，而祥林嫂死时又正是鲁镇家家祝福之时。祝福的热闹正反衬了祥林嫂临终的孤寂凄凉。从而更加深刻地揭露封建礼教、封建思想对劳动妇女的精神摧残，起到深化主题的作用。

例如:《边城》

黄昏来时翠翠坐在家中屋后白塔下,看天空为夕阳烘成桃花色的薄云。……天快夜了,别的雀子似乎都在休息了,只杜鹃叫个不息。石头泥土为白日晒了一整天,草木为白日晒了一整天,到这时节皆放散一种热气。空气中有泥土气味,有草木气味,且有甲虫类气味。翠翠看着天上的红云,听着渡口飘乡生意人的杂乱声音,心中有些儿薄薄的凄凉。

月光如银子,无处不可照及,山上篁竹在月光下皆成为黑色。身边草丛中虫声繁密如落雨。间或不知道从什么地方,忽然会有一只草莺"落落落落嘘!"娇着它的喉咙,不久之间,这小鸟儿又好像明白这是半夜,不应当那么吵闹,便仍然闭着那小小眼儿安睡了。

这些景物写出了边城的清幽、秀丽和宁静,再现一个原始的纯净的大自然。从这里,我们看到了边城清丽明净的自然美。沈从文如此着力于边城的自然景物,其中一个重要的意图,就是以自然的明净写湘西人心灵之明净。于是,自然纯朴的人性美和清丽明净的自然美就构成了一种"优美、健康、自然而又不悖乎人性的人生形式",蕴含了对自然美、民风美、人性美的歌颂这一主题。

5. 从文中重要语句看主题

小说中常有一些饱含作者情感,或表现人物情感、心理的句子,这些语句可以解释或暗示小说的主题。如鲁迅小说《故乡》,其主题就是结尾一句话——其实地上本没有路,走的人多了,也便成了路。——绝望中的希望

《故乡》的主题是对以闰土为代表的麻木迟钝、贫穷落后的中国农民的悲哀和同情,对造成人与人之间可怕的精神隔膜的封建礼教封建专制表示愤懑,对"故乡"的痛恨、忧伤、孤独、绝望,以及在绝望中寄托美好希望的思想情感,即"绝望中的希望"。

6. 从小说的标题入手

有的小说的标题除了字面意思外,还有比喻象征义或双关义,隐含着小

说的主题，如《祝福》。小说起于祝福，结于祝福，情节的发展与祝福有密切联系。同时，祥林嫂是在祝福中死去，题为"祝福"，就是用祝福的热闹繁忙来反衬祥林嫂的悲剧命运。另外，祝福是一种封建习俗。在旧社会，劳动人民无福可祝，无福可言，而祥林嫂正是因为"祝福"而逼上绝境的。可见，小说取名为《祝福》具有深刻含义。以"祝福"为题更能揭露封建礼教、封建思想对劳动妇女的精神摧残，起到深化主题的作用。

7. 从作者的情感态度看主题

揣摩作者在写人叙事、写景抒情时流露于字里行间的同情、鄙夷、赞美、讽刺、忧虑、批判等情感态度，也有助于把握小说的主题。

如：《装在套子里的人》

我的同事希腊文教师别里科夫两个月前才在我们城里去世。您一定听说过他。他也真怪，即使在最晴朗的日子，也穿上雨鞋，带上雨伞，而且一定穿着暖和的棉大衣。他总是把雨伞装在套子里，把表放在一个灰色的鹿皮套子里；就连削铅笔的小刀也是装在一个小套子里的。他的脸也好像蒙着套子，因为他老是把它藏在竖起的衣领里。他戴黑眼镜，穿羊毛衫，用棉花堵住耳朵眼。他一坐上马车，总要叫马车夫支起车篷。总之，这人总想把自己包在壳子里，仿佛要为自己制造一个套子，好隔绝人世，不受外界影响。现实生活刺激他，惊吓他，老是闹得他六神不安。也许为了替自己的胆怯、自己对现实的憎恶辩护吧，他老是歌颂过去，歌颂那些从没存在的东西；事实上他所教的古代语言对他来说，也就是雨鞋和雨伞，使他借此躲避现实生活。

别里科夫出场时，文章对其装束和生活习惯的描述，让人感到滑稽可笑，流露出作者对这一人物的憎恶之情，表现了作者对这一"沙皇卫道士"的批判。

他一上床就拉过被子来蒙上脑袋。房里又热又闷，风推着关紧的门，炉子里嗡嗡地叫，厨房里传来叹息声——不祥的叹息声……他躺在被子底下，战战兢兢，深怕会出什么事，深怕小贼溜进来。他通宵做恶梦，到早晨我们一块儿到学校去的时候，他没精打采，脸色苍白。他所去的那个挤满了人的学校，分明使得他满心害怕和憎恶；跟我并排走路，对他那么一个性情孤僻的人来说，显然也是苦事。

别里科夫到了晚上，"他就躺在被子底下战战兢兢"，这又表现了作者对这一人物的鄙夷，深刻地揭露了别里科夫（沙皇统治）貌似吓人实则虚弱的本质。

三、高考考查

（一）考查角度：概括主题；挖掘思想情感、意蕴；探究主题启示。

（二）常见提问方式：

1. 用自己的话概括小说主题。

2. 结合小说主题，谈谈你对某句话的理解或看法。

3. 读了全文，你明白了什么道理，请联系现实谈谈你的看法。

4. 结合某某这一人物形象分析作品主旨。

5. 小说意蕴丰富，你认为它表达了怎样的主题。

6. 读完这篇小说，文中某某对你有什么启示？

四、基本题型及解题方法

1. 找出体现小说主题的句子。

用自己的话概括出小说主题。一般的格式是小说通过叙述什么故事（或描述了、塑造怎样的人物形象）表达了什么、歌颂了什么、揭露了什么等。

2. 读了这篇小说，你明白了什么道理？或对你有什么启迪？

概括小说的主旨，在此基础上联系生活实际，谈自己的人生感悟。

3. 结合全文主题，谈谈你对某句话的理解和看法。

概括原文主旨，先谈对这句话的理解，（理解又可以从这几个方面进行，理解这句话的表层意义和深层意；理解这句话在小说主题和结构上的作用）针对某句话谈谈自己的看法，即这句话包含了人生的哪种理念。

4. 结合文章，联系自己谈谈感悟。

写出原文主旨或某段重要的话，举出自己的例子，要能证明原文主旨或某段重要的话，说出自己的想法。

五、高考典型赏析

典型例题一　2016 年全国高考题

"我不是锄地，我是过瘾"这句话，既是理解六安爷的关键，也是理解小说主旨的关键，请结合全文进行分析。

考点：对文中重要句子的理解。

解析：这句话是六安爷用来回应村人劝阻时所说的，从六安爷的角度来分析，通过语言描写刻画的人物的性格特点；同时，六安爷眼睛快要失明，趁失明前再去过过锄地的瘾，说明六安爷对土地一往情深。从另一方面看，这块土地将改变它的用途，趁此改变之前，再去过把瘾，说明六安爷除了对土地的感情是那么深厚外，内心还有一种隐隐的痛。

【参考答案】

六安爷层面：六安爷用这句话来回应村人的劝阻，由此能感受到他温和而又固执的性格特点；百亩园即将不复存在，六安爷的眼睛快要失明，他要到百亩园过锄地的瘾，由此能体会到他内心的隐痛。

小说主题层面：在大地上劳作是一种瘾，即劳作者已经将具体的劳动上升为一种精神的需要。随着传统农业、生活方式的结束，耕种的意义变成了"过瘾"，令人叹惋又发人深思。

典型题例二　（2013 湖南）《未婚妻》

综观全文，作品表现了"我"怎样的思想感情？

解析：

农民夫妇的热情：送煎饼、送葡萄、买热饮料给"我"吃，让"我"感受到了温暖。

自己的身世：我从小没见到父母。

周围人的态度：谁都对我漠不关心。

——引起了"我"的伤感。

下车所看到的一切：儿子亲吻父母，儿子一双鲜明快乐的眼睛，笑声爽快而响亮，身强力壮，性情温和。"我想他的未婚妻一定很幸福"。

——引起我对这个家族和未婚妻的羡慕之情。

"我"回家时的情况：孤零零的我不由自主地回到了自己的房间。

"我"回家后的感想：我已二十岁了，还没有一个人向我谈过爱情。

——引起了"我"对爱情的渴望。

综上所述，可概括为以下答案：

①"我"从农民夫妇对"我"父母般的关爱中感到了温暖，同时产生了对自己身世和处境的伤感之情；

②农民夫妇一家的恩爱、和谐，"我"产生了羡慕之情；

③"未婚妻"的幸福，引发了"我"对亲情、爱情的期待和渴望。

典型题例三　(2012 江西)《报复》雨果·克里兹

结合对彭恩和文亚明两个人物形象的分析，谈谈小说给你的启示。

解析：

这个题实际上是上面所讲的提问方式中的"读完这篇小说，文中某某对你有什么启示"的一种变形题。题干要求实际上含有两层意思，即先要概括分析两个人物形象的特点，在此基础上再来谈小说给你的启示。因此答题应分两步，第一步概括小说的形象特征，第二步再谈给你的启示。

人物形象概括：

对《蛙女》的评论："一锅可笑的大杂烩：一堆无聊的废话和歇斯底里的无病呻吟。看了简直要让你发疯。"

对文亚明的评论："还有一位文亚明·穆勒先生值得提及，因为他的表演，真可堪称全世界最蹩脚的演员"；"你不仅是全世界最蹩脚的演员，而且是头号傻瓜"。他所写的评论言尖刻犀利，对人不留情面。

自我的表白："可我只是尽自己的职责而已。你的儿子真的缺乏才华……你明白吗？我本人跟你的儿子并没有仇，可是艺术……"这段话至少说明三点，一是对自己的工作尽职尽责，二是敢于说真话，三是艺术不容亵渎，追求艺术的完美。

小说的结尾：在危险的情况下，彭恩镇静地巧妙地揭穿了文亚明的把戏，说明他遇事沉着，观察能力强。

【参考答案】

人物形象：

彭恩：①忠于艺术，认真负责　②批评中肯，言辞尖刻　③聪明沉着

文亚明：①演技拙劣　②性格偏执　③自卑而又自负。

启示：

①要有敬业精神。

②坚持实事求是的精神，努力提升专业水平。

③敢于说真话，坚持真理。

④坦然面对批评并勇于自我反省，不可自以为是。

（只要紧扣文本，言之成理即可）

典型例题四　《海葬》

请结合小说情节和环境，就小说中"爱与悲剧"的主题加以探究。

解析：

情节：因为爱鸽子，反对鸽子与阿根恋爱，三个老兄弟冒着被杀头的危险，要把阿根推入大海喂鱼，在大海上遇到了风暴，最后把救生圈给了鸽子和阿根，三个老兄弟葬身大海。

环境：在无人的岛上，在遇到了大风暴，小船将要沉没时，三个老兄弟把生的希望留给了两个年轻人。

三个老兄弟葬身大海是很悲哀的事，但最后的选择又说明三个老兄弟又

死得悲壮，显示出人性美的光辉。

【参考答案】

①因为爱，鸽子爷收养了鸽子；因为爱，鸽子爷反对鸽子与阿根相恋；还因为爱，鸽子爷兄弟三人策划了险恶的阴谋。

②这些爱由于自私、世俗的羁绊导致人与人之间的仇恨，酿成一个又一个的悲剧。

③小说把阴谋的实施或故事高潮设置在远离世俗的大海上，这里没有人与人的仇恨，只有生命对生命的守护，世俗之爱有限，而生命之爱无限。

探究主题要遵循："三方向，二依据，一前提"的原则。

3个思考方向：人物——情感态度，环境——社会现实，个别——一般。

2个判断依据：有文本依据，是叙述重点。

1个基本前提："三观"正。

布置作业

请同学们分别从人物、情节、环境三个角度探究《林教头风雪山神庙》的主题。

暗夜里的微光 ①

——夏衍《包身工》教学设计教学案例

核心问题

本课选自统编版高中语文选择性必修中册第二单元，本单元对应的是学习任务群9"中国革命传统作品研习"，人文主题是"苦难与新生"。《普通高中语文课程标准（2017年版）》在这一任务群的学习目标与内容中也提到"阅读关于革命传统的新闻、通讯、报告、演讲、访谈、述评等实用性文本的优秀作品，联系思想实际和亲身见闻，以正确的价值观，深入理解其内容，学习其写作手法"。

学习任务群7"实用性阅读与交流任务群"也着力引导学生学会独立阅读与理解实用性文本，包括新闻特写、通讯、报告文学等文体，学会语言简洁、逻辑清晰地用口头语、书面语进行表达交流，以丰富学生的学习生活，提高对生活的感悟能力，促使学生更好地融入生活实际，增强为社会主义现代化而奋斗的使命感和担当意识。

学习《包身工》一文，有利于学生掌握报告文学的文体特征、结构方式、语言特色、艺术形象。还可以帮助学生深刻认识革命的艰苦历程，培养积极向上的精神力量。

---

① 本篇由贵阳市第三实验中学马臣萃老师设计。

教学目标

1. 通过预习、自主学习等方式把握报告文学的一般特征和文本基本内容。

2. 结合文章内容，分析报告文学《包身工》的真实性和文学性。

3. 了解包身工的含义和包身工制度，把握文章的时代意义和人文内涵，树立良好的社会责任意识和人权意识。

教学重难点

教学重点： 结合文章内容，分析报告文学的真实性和文学性。

教学难点：

了解包身工的涵义和包身工制度，把握文章的时代意义和人文内涵，树立良好的社会责任意识和人权意识。

了解包身工的涵义和包身工制度，把握文章的时代意义和人文内涵，树立良好的社会责任意识和人权意识。

课堂在线

一、情境导入

奋斗与拼搏，是我们这个快速前进社会的主题词。习近平总书记曾说："人世间的一切幸福都需要靠辛勤的劳动来创造。"有人把当今中国的经济奇迹称之为"勤劳革命"，正是中国人的勤劳与奋斗，把不可能变成了可能，推动中国用几十年时间走完了发达国家几百年走过的工业化历程。今天，无数的劳动者在不同的岗位上享受着劳动带来的快乐和收获，然而，在80多年前的上海，有一群人，他们辛勤的劳动却被剥削和掠夺。现在，就让我们跟着作家夏衍的笔触，一起来走近这群人——包身工。

二、预习检查

1. 检查课前预习作业。

阅读《报告文学：交叉的新闻与文学》，总结出报告文学的特征，比较报告文学与通讯、小说的异同并填写表格。

	报告文学	通讯
同		
异		

	报告文学	小说
同		
异		

【明确】

	报告文学	通讯
同	写作对象都是真人真事；注重细节描写，以反映重大社会事件为己任。	
异	可用合理想象，人物内心独白等来大胆创作。	客观报道，是消息的放大和延伸。
	完全形象化的艺术方式表现客观事实，给人以强烈的形象感。	形象化的手段是辅助性的，以详尽的叙述事实、展示人物为主。
	酝酿、写作、发表用时较长，发表较晚。	酝酿、写作、发表用时较短，时效高。

	报告文学	小说
同	表达手法（情节的描写和人物的刻画等）	
异	写实	虚构

2. 新课讲解

①分析文章的真实性

学习任务一：小组合作，根据文章内容，填写"包身工作息时间表"

段落	时间	内容

【明确】

段落	时间	内容
1-6	上午四点过一刻	起床
12-14	四点半以后	吃饭
23-32	五点钟	上工
35-47	十七点以后	收工

学习任务二：问题探究。

如果要给"包身工"加一个修饰性的定语，你会加上什么词？为什么你会选择这个词作为修饰性定语，请根据文章内容作答。

【明确】悲惨的包身工

吃：质差　两"粥"一饭　无菜

　　量少　不够一人一碗

穿：破脏　乡下气

住：狭窄　恶臭

行：两点一线（工房——工厂）

劳动条件：三大威胁：音响　尘埃　湿气

　　　　　三大罚规：殴打　罚工钱　"停生意"

学习任务三：小组合作，找出文章中关于包身工制度的段落，并概括每一部分的内容。

段落	内容

【明确】

段落	内容
8-11	"包身工"来历（包身工制度的产生）
15-22	雇佣"包身工"原因（包身工制度的发展）
34	东洋厂飞跃庞大（包身工制度的膨胀）
48-50	痛斥黑暗，期待未来（包身工制度的趋势）

②探究文章的文学性

学习任务四：小组合作，探究文章运用了那些手法体现了报告文学的文学性，请试着归纳总结，并找到相应的例子。

手法	例子

【明确】

手法	例子
运用多种表达方式	记叙、描写：包身工起床的情景和住宿环境 说明、议论：介绍包身工制度的起因 说明、议论、抒情：抨击包身工制度
点面结合	面：包身工的起床、吃早饭、上工的情景 点：三次提到的芦柴棒、遭受毒打的小福子
多种修辞手法	比喻：野兽一般的"拿摩温（工头）和"荡管"（巡回管理的上级女工）监视着你。 排比：在这千万被压榨的包身工中间，没有光，没有热，没有温情，没有希望……没有人道。
……	……

3. 揭示文章的批判性

学习任务五：根据已有的知识积累和课外补充的阅读材料探究包身工制度是如何消亡的。

【明确】

包身工制度的灭亡

①上海工人反抗压迫、剥削的斗争。

②社会舆论的强烈谴责。

③人民群众的觉醒。

课堂小结

作品中反映的包身工的苦难，也许已经离我们远去，但正如同夏衍所说，"人吃人"的社会已经一去不复返了，工人给资本家当牛马、当虫豸的时代，已经一去不复返了，可是我们得记住，为了赶走帝国主义，推翻人吃人的社会制度，无数的先行者们曾付出了生命、血汗和眼泪，是他们为我们抵抗了苦难，是他们为我们迎来了新生。

课堂作业

请从以下以任务中任选一个完成。

1. 结合文章内容，以文章中任意一个包身工的口吻，写一份心灵独白，体会包身工遭受的苦难。500 字左右。

2. 以包身工后人的身份，向为包身工制度消亡付出过努力的诸如夏衍一类的先行者们，写一封感谢信。500 字左右。

附录：

课前阅读

报告文学：交叉的新闻与文学

"报告文学"这个称谓最早出现在第一次世界大战时期的德国。当时，战场上的很多情况是不便于出现在一般的新闻（消息）中的，那样可能会带来群众的恐慌，甚至被人利用。但战地记者的使命就是记录战场上的真实情况，所以很多战地记者开始采用一种新的手法来传递这些信息，也就是把战场上的真实见闻，用文学的手法描写出来。为了同虚构的小说和抒情的散文相区别，就将它称为"报告文学"。

报告文学与通讯

报告文学与消息、通讯有着密切的关系；从篇幅和写作的侧重点上来看，报告文学和通讯尤为相似。究竟如何区分报告文学和通讯呢？它们的异同点在哪里呢？

在写作对象上，报告文学和通讯一样，都必须是真人真事。真实这一点，是所有新闻作品的首要要求。同时，它们都十分注重对细节的描写，都以反映重大社会事件为己任。

但二者又有根本的不同。通讯一般不超过客观报道的界限，因为通讯毕竟是消息的放大和延伸。报告文学就以有明显的文学性，可以运用文学手法如合理的想象、人物内心的独白等来进行大胆的创作；通讯是以详尽地叙述事实、展示人物为主，形象化的手段则是辅助性的，报告文学则是用完全形象化的艺术方式表现客观事实，给人以强烈的形象感；通讯的酝酿、写作、发表用时较短，时效性高，报告文学构思、表达的过程要比通讯长一些，因此发表也就晚一些。

报告文学与小说

报告文学在情节的描写和人物的刻画等表达手法上类似于小说，比如它允许一定的艺术加工。

但和小说相比，报告文学要求严守真实性原则，必须以现实生活中的真人真事为描写对象，不能虚构人物和情节，所有的艺术概括与加工，都不能违反真实性的原则。用一句话概括，可以说，小说是虚构的艺术，而报告文学则是写实的艺术。

▨ 小链接

在 19 世纪后期，中国就已经出现了"报告文学"的体裁样式，但"报告文学"这一名称直到 1930 年才正式被引进中国。在当时的时代背景下，人们期望作家在作品中真实地反映时代面貌。著名文学家茅盾先生，在谈到报告文学产生的原因时，曾指出"每一时代产生了它的特性的文学。'报告'是我们这匆忙而多变化的时代所产生的特性的文学样式。"

报告文学的特征

作为一种新闻体裁，报告文学有着鲜明的新闻性。真实是报告文学的生命。报告文学之所以具有不同于小说的感染力，正是因为它的作者依靠新闻敏感来选取生活中生动的、具有说服力的人和事。运用恰当的文学语言形象、完整地传达给读者。因为严格地忠于事实，所以报告文学才被许多人视为"社会史的真实资料"。

报告文学的真实性，首先是材料的真实性。作者所采访的材料，都应是实有其事的，这是报告文学真实性的基础和前提。其次，是要保证材料的准确性。准确的材料就是要符合五个"W"，任何一个"W"都不可或缺，也不可歪曲。除此之外，情节、细节、背景和其他方面也必须是真实的。

报告文学既是报告，也是文学。因此其内容带有作者很强的价值判断，作者的主观性也是所有新闻体裁中体现得最强的。但这种主观性不是包含虚构内容或夸张成分的，而是指作者在选取材料和行文方式上可以按照他自身的价值观念加以实现。比如在构思、描写、议论、抒情等方面，作者可以灵活调动和发挥。

优秀的报告文学，是时代的号角，历史的见证。报告文学的作者在满腔热情地向读者报告现实生活中的先进人物和重大事件时，常常要在作品中抒发感情，发表议论。有时，为了使人物的形象更鲜明、事件的意义更突出，作者要直陈其观点。因此，报告文学比起其他新闻体裁来，更能彰显时代性。

▨ 小链接

中国报告文学的发展历程：

报告文学在我国的发展大体经历了三个阶段。

第一阶段是 19 世纪后期到 20 世纪 20 年代，是报告文学的自发期。19 世纪的晚清，报纸登陆中国，散文与新闻相结合的产物——报告文学开始孕育。梁启超的《戊戌政变记》是第一篇明显具备报告文学基本特征的作品。

第二阶段从 20 世纪 30 年代到 20 世纪 60 年代，是报告文学发展的自立期。

30 年代的报告文学以批判见长。初期的报告文学的创作主题是宣传革命与抗日。而在左联推动下，反映工农苦难生活的作品也日益增多。代表作有夏衍的《包身工》，萧乾的《流民图》，宋之的《一九三六年春在太原》，邹韬奋的《萍踪寄语》《萍踪忆语》，范长江的《中国的西北角》等。新中国成立不久，由于抗美援朝在一段时间成为国家政治生活的主题，所以 50 年代涌现出一大批以抗美援朝为题材的报告文学作品，其中最著名的就是魏巍的《谁是最可爱的人》。

第三阶段是从 20 世纪 70 年代至今，是中国现代报告文学的自觉发展时期。20 世纪 80 年代即改革开放初期的作者更多是依照自己的理念创作，打破原来单一的报道模式，出现了集纳式、全景式的报告文学样式，这时期报告文学的主题多为问题类。

课外链接

包身工制的始末

包身工制度是在纺织厂中推行的一种定期"卖身"的包工制度。包身工是由包工头买来的"女奴"，但和终身属于奴隶主的一般奴隶不同，是在一定时期归包工头所有，即定期卖身。20 世纪 20 年代初，包身工制度首先在公大、内外棉、喜和等日商纱厂中实行。日商纱厂在推行养成工制度过程中，遇到语言障碍，加之养成工招收比较困难，于是普遍采用一种包身工的方法，即通过中国的包工头去招募并由包工头加以监管和控制。后来华商纱厂也加以仿行。永安纱厂二厂厂址偏僻，招工困难，闻及日商华丰纱厂雇佣了很多包身工"好处很多"，也采用了包身工制度。在抗日战争以前，日商纱厂都推行包身工制，华商纱厂也有一部分实行包身工制。有的包工头把一时没进纱厂的包身工送进丝厂，充当缫丝工人。

包工头受厂方之托（日商纱厂往往派日籍职员与包工头一起去招工），在农村以"到上海学会织布摇纱，将来会挣大钱"等花言巧语，来游说贫穷破产的农民把女儿（年龄同养成工）包给他们带到上海去做工。招工时，包工头与包身工的家属以书面或口头形式订立"契约"，规定由包工头付给包身价银，一般为 20—40 元，以 30 元为多，有的一次付清，多数则分次付清。包身期通常为 2—3 年。包身工的年龄越小，包身价越低，包身期越长。在此期间，工厂付给包身工的工资均归包工头所有，包工头则供给住宿和衣食。包身工不许与外界接触，更不能请假回家，实际上成为包工头可以任意支配的奴隶。

"包身契约"（20世纪20年代末）

立自愿书人×××，情由当年家中困难，今将小女×××自愿包与招工员×××名下带至上海纱厂工作。凭中言明，包得大洋三十元整，以三年期满，此款按每年三月间付洋十元。自进厂之后，听凭招工员教训，不得有违。倘有走失拐带，天年不测，均归出笔人承认，与招工员无涉，如有头痛伤风，归招工员负责。三年期内，该女工添补衣服，归招工员承认。倘有停工，如数照补。期限×年×月×日满工，满工后，当报招工员数月。恐后无凭，立此承证。

上述包身工通称为包饭的包身工，还有一种是变相的包身工，通称为带饭工。带饭工也多从农村招来，还有不少是包身期满的包身工，招工时一般不同家属订契约，但言明至少要做两三年工，食宿必须包在包工头处。20世纪30年代，带饭工每月须交食宿费约8元，包工头从中克扣约1／3，实际生活与包饭的包身工相差无几，但行动比较自由，工资归本人所有。尽管带饭工期满前可以脱离包工头，但要偿还路费、簿子费（即包工头为带饭工取得"工折"而送给工厂有关人员的费用）、练习期间所欠食宿费（带饭工在练习期间的收入往往不足付清食宿费，只得向包工头赊账）以及其他巧立名目的"债款"，事实上一般带饭工难以做到，即使能做到，由于包工头与工头相互勾结，不接收中途离开的带饭工，所以她们还是找不到工作。

上海工人反抗压迫、剥削的斗争，冲击着包身工制度。五卅运动中，一些工厂包身工住的工房被工人毁坏，有的包工头遭到殴打甚至被暗杀。由于资本家和包工头竭力掩盖包身工所受剥削压迫的真相，民国21年（1932年）以前，外界对包身工的具体实际情况不甚了解。民国21年（1932年）一二八淞沪抗战爆发，许多纱厂停工，部分包身工被送进难民所，经难民所管理人员对她们身世进行详细调查，包身工制度的黑幕才被揭露出来，受到社会舆论的强烈谴责。同年5月，国民党上海市社会局发布《处理包身工制工人问题之办法》，要求"通知各收容所报告该处工人数目，并不准由包工头具领或保领"；"由各收容所通知该种工人之家属认领，再叙明包身制之黑幕"；"调查该制之实况，以备彻底革除"等。同年9月，孙宝山发表调查报告《上海纺织厂中的包身制工人》，全面反映了包身工制度的情况。民国25年（1936年）夏衍发表长篇通讯《包身工》，在社会上引起很大反响。由于社会舆论的压力，形势的变化和人民群众的觉醒，抗日战争爆发后包身工制度衰落。

选自《上海工运制》第二章　特殊雇佣

附录：

"高中语文高效阅读教学策略与实践研究"
课题研究结题报告

蹇红 (贵阳市第三实验中学　贵州贵阳)

"高中语文高效阅读教学策略与实践研究"
课题研究结题报告

寒红（贵阳市第三实验中学　贵州贵阳）

一、课题研究背景及研究意义

教育部于 2013 年出台的课程改革相关意见中引入了核心素养这一理念，并将其界定为拓展课程改革范围、培养人才的关键影响要素，同时也是制定学习标准，优化教学方案的关键性参考标准。2016 年出台的学生发展要求中阐述了提高学生素质工作的基本着眼点以及主要工作内容，明确列出了语文学科的核心素养，主要涵盖了构建和使用语言、思维的建立和优化、审美研究、文化的领悟和道德传承等，这些都提高了今后的教学工作推进难度，评价标准也愈加严格。

同时，国家新的高考方案昭示着语文学习将在学生的学业发展中占据越来越重要的地位，学生语文综合素养的提高也显得至关重要。著名教育家张志公先生曾对"语文教学科学化"的培养目标作了深刻的反思，他说，为适应未来社会的需要，中学生应该具备这样的能力："如历史描写智力超常的'才子'们那种'出口成章'的能力"；"那种'一目十行、过目成诵'的阅读能力"；"那种'下笔千言、倚马可待'的写作能力"，并指出"处理生活和工作中实际问题的敏捷、准确、高效率的口头和书面语言能力，将成为每个人的需要"。① 要达成这一目标，学生的阅读水平可谓是一切的前提，其培

---

① 张志公：《关于改革语文课、语文教材、语文教学的一些初步设想》，《课程·教材·教法》。

养应放在优先考虑的地位。

语文学习的关键性内容之一就是阅读。教师的阅读教学水平和语文的综合教学水平具有极为紧密的关联，前者是后者稳步推进的前提，只有提高阅读教学效率，才能提高学生的阅读能力。吕叔湘认为，语文教学的关键点在于使教学效率得到提升，也只有这样才能通过投入极少的时间来取得较好的学习效果。可见，对于阅读教学来说，首先需要做好的就是提高语文学科的教学效率。

同时，实施新课标以来，高考提高了对阅读的考查比重，阅读除了是教学的重点，也是高考的难点，教师正在努力尝试使学生在确定的时间范围内阅读一定数量的文章和掌握答题思路。同时，现阶段的阅读课堂教学仍然暴露出多项问题，包括：教学模式不丰富，仅仅采用一种载体，教师和学生之间没有互动，仅仅依靠教师的提问来推进课堂教学的进行，学生的阅读过于呆板，缺乏灵活的模式和技巧。

2016年4月，贵阳市和北京市"京筑教育合作"项目正式启动，朝阳特级语文教师申淑艳贵阳工作室成立。依托此工作室，我们申报了市级一般课题"高中语文高效阅读教学策略与实践研究"，在申淑艳老师的指导下展开相关研究。本课题由贵阳实验三中语文高级教师蹇红主持，课题秘书为实验三中曾德娟，参与研究的人员有：实验三中的张宏敏、黄娅、杨涛、金义、褚衍珩，修文县扎佐中学的罗华勇，乌当中学的曾霆昭，清镇四中的刘军毅，贵阳东升学校的冉飞，清镇一中的袁晓玲，息烽一中的秦凤萍。参与本课题研究的学校类型多样、研究对象多元，那么成果必将辐射丰硕。

我们认为，对高效阅读的研究是目前教学现状的真正需要，我们也希望通过本课题的研究能够完善课堂教学，实现语文阅读教学效率的提高，以期帮助贵阳地区的高中学生提高阅读水平。

二、课题研究依据及现状综述

本课题组依托京筑教育合作项目——朝阳特级教师申淑艳贵阳工作室进

行课题研究，申老师同时也担任本课题的指导专家。由申老师领衔的北京市朝阳区特级教师工作室课题《高中语文高效课堂教学策略与实践的探究》现在已经圆满结题，本课题将在原有课题的基础之上结合贵阳的学情和考情，探索更简洁、更实用、更高效的阅读方法和策略，完成实际阅读训练，掌握最高效的阅读本领。另外，实验三中语文组的校级课题《实验三中语文"阅读教学"高效课堂教学模式行动研究》也于2016年11月结题，该课题总结出了一些高效阅读教学的课堂模式，为我们课题的进一步研究提供了一些宝贵的经验。

三、课题研究的创新之处

既然前面已经有了相似的课题，并都有一定的成效，我们进行该研究与之有何区别？又有何突破之处呢？经过思考，本课题组认为本课题和其他相似课题的区别和我们的突破在于：

1. 在研究对象上，每一个地域的学生都带有本地域的特征，他们在知识储备、学习能力、思维视域上都存在较大差异。本课题的研究对象是贵阳地区高中生，样本包括了不同的学生层次，覆盖范围广，代表性强。

2. 在研究路径上，我们在总课题组的研究规划下，不同学校的参与老师又根据学校学生的实际情况进行针对性的研究，进而提出高效、与实际教学状况相适应的教学措施和教学模式。

3. 在研究成果上，我们具有一定的推广能力，能够在不同层次的学校进行课题成果的推广。

四、课题研究的主要内容

本课题主要对高中语文阅读教学的模式、手段和课堂教学实践做了分析和讨论，选择的研究难点为学生阅读效率的提升。主要研究如下：

1. 探索教师教学方式的转变。课题开展的过程中，把以往教师主讲的课堂教学方式，转变为教师主导的课堂教学方式，真正地让教师放权给学生，让学生成为课堂的主角和主人，教师成为引导者、策划者、参与者、合作者，做到导学、导思、导练。

2. 谋求学生学习方式的转化。把以往学生听、记的静态的学习方式，转变为学生积极参与、主动学习、善于发言、合作探究知识的动态的学习方式，使学生成为课堂的真正主人，成为探究者、研讨者、体验者、表达者、创造者、成功者，做到主动、全动、互动。

3. 探索贵阳市不同层次学校"阅读教学"高效课堂教学模式。通过教师教学方式和学生学习方式的转变，探索符合语文"阅读教学"的高效课堂教学模式，最大化地提高课堂教学效率。

4. 实现教师专业化发展。在积极提升课堂效率的教学研究中，可以使教师的教学水平得以有效提升，同时，强化学科能力，对教学理论的理解也更加深入，强化了教师的文化素养建设和艺术素养建设，使教师的科研能力在实践中得以有效地提升，辅助教师在专业方面取得更大的进步。

五、研究参与人员

课题组组长：蹇红

职责：对课堂研究的整体状况负责，包括申请课题、编制方案、审核详细工作、收集信息和撰写结题、总结等。

课题组秘书：曾德娟

职责：协助课题组组长完成相关工作。

备课组成员：杨涛

职责：负责在课题组长蹇红的指导下组织开展贵阳实验三中的课题研究工作。

备课组成员：罗华勇

职责：负责在课题组长蹇红的指导下组织开展修文县扎佐中学的课题研究工作。

备课组成员：曾霆昭

职责：负责在课题组长蹇红的指导下组织开展贵阳乌当中学的课题研究工作。

备课组成员：刘军毅

职责：负责在课题组长蹇红的指导下组织开展贵阳清镇四中的课题研究工作。

备课组成员：袁晓玲

职责：负责在课题组长蹇红的指导下组织开展贵阳清镇一中的课题研究工作。

备课组成员：秦凤萍

职责：负责在课题组长蹇红的指导下组织开展贵阳息烽一中的课题研究工作。

备课组成员：冉飞

职责：负责在课题组长蹇红的指导下组织开展贵阳东升学校的课题研究工作。

六、课题研究的保障措施

1. 课题有着充分的理论基础和专家指导

本课题组依托京筑教育合作项目——朝阳特级教师申淑艳贵阳工作室进行课题研究，申老师同时也担任本课题的指导专家。由申老师领衔的北京市朝阳区特级教师工作室课题《高中语文高效课堂教学策略与实践的探究》现在已经圆满结题，本课题将在原有课题的基础之上结合贵阳的学情和考情，探索更简洁、更实用、更高效的阅读方法和策略，进而开展阅读练习，积极尝试取得更高的阅读质量。

2. 参与研究的人员教学经验丰富，同时有相关的课题研究经历。

本课题组成员全部来自特级教师工作室，全部为高中一线教师，任教年级覆盖高一到高三，业务能力强，具有创新思维。课题组参与人员的年龄在30岁到45岁之间，年龄结构适应研究工作的需要，踏实肯干、有精力和能力。同时，主要研究成员均参加过市级以上课题研究，具有丰富的课题研究经验，会尽心尽力从事本课题的研究。

3. 课题承担单位有着强大的平台支撑，在时间、资源等方面给予最大的支持。

开展课题研究的单位是贵阳第三实验中学，这所学校作为省级示范高中，教学资源充足和设备现代化程度高，学校对这项研究的开展给予了全面的支持，为本研究的顺利推进创设了有利的条件。

七、课题研究步骤

（一）课题申报阶段：2016 年 4 月—2016 年 6 月

本阶段课题负责人蹇红老师撰写申请报告并提交，等待课题主管部门批复。

（二）课题实施阶段：2016 年 7 月—2019 年 12 月

1. 第一阶段：准备阶段（2016 年 7 月—2016 年 11 月）

本阶段课题组的基本工作内容为制定课题具体的实施方案，召开课题的开题报告会，组织相关的课题参与人员进行课题的培训和研讨活动。

（1）举行高中语文阅读教学研究开题报告会。课题组全体成员共同分析了课题开展的背景，并对申淑艳老师领衔的北京市朝阳区特级教师工作室课题文件做了细致、专业性的研究。

（2）制定了结合各校实际情况的课题实施方案。课题组的成员来自不同层次的学校，大家结合自己学校的学情讨论研究并制定了各自的课题实施方案，力求做到分工明确，务求实效。

（3）各课题校开展了语文"阅读教学"课堂教学现状的调查与分析。借助于调研的方式，研究并讨论全校教师在推进新课程的教学过程中所遇到的难题，尝试引入效率高、模式新的教学措施和路径。

（4）开展基础知识学习。梳理并研究了新课程教学思路指导下的课堂教学的关键点以及特性。借助对文献的收集和总结，了解并掌握新课程体系中阅读教学的内容、模式、方法、流程，进而得到适应新课程要求的阅读教学要点和工作思路，以便于为今后提升教学效率，避免出现无效教学工作提供了全面的理论指导和工作依据。

2. 第二阶段：实际研究阶段（2016 年 12 月—2019 年 12 月）

在这一阶段，研究人员总结了教学中暴露出来的各类问题，并结合自身负责的内容分别开展探究，对阅读教学内容做了梳理和汇总，主要包括如下几个类别：论述类、文学类、实用类和古诗文类。探索不同文体的阅读方法和思维规律，并运用到实际的课堂教学中，形成易操作、较高效的课堂教学模式。

（1）课题组各成员根据学生学情和各自研究的专题，着眼课堂，开展研究。编制教学规划，选择教学工具和资源，在研究的过程中开展实践，进而提升课堂教学质量。

（2）课题组各成员撰写相关研究论文，对比学生在课题实施前后学习效率的变化，总结实践过程中的经验，同时对实践中出现的问题进行反思。

（3）在课题组中组织教师听评课，课下教师开展组织组内讨论和总结。教师要在新课程的思路下，推进阅读教学中的关键点探究和特点研究。对课堂效率较低的案例做综合、全面的原因分析和思路重建，找到教学中的制约性要素，明确教学中的不足。对于高效率教学的典型案例，在组内展开优秀方法的分享和交流，使教师们从中汲取到有益之处，使自身的教学技能有所提升。

（4）利用课题 QQ 群，不定期开展线上交流研讨活动。课题组成员针对语文"阅读教学"高效课堂教学的评价和管理进行研究，针对实践中出现的课堂教学低效的情况，深入研究和学习高效率课堂组织方法，探索建立语文高效率课堂教学的评价细则，使评价体系在实际应用中具有更高的效率，与实际教学要求相适应。

（5）积极进行学习培训。校外学习培训：依托"京筑合作——北京朝阳区特级教师申淑艳贵阳工作室"，选送参与课题研究的主要人员，到北京、上海、杭州、云南等地参加有关培训和考察，学习其他地区的先进经验，为课题研究的实施提供丰富的参考和借鉴。

校内学习培训：主要通过教研组例会、集体备课时间，开展集中学习，通过购买学习资料、撰写教学心得等形式开展自学。

（三）**课题结题及成果推广阶段**：2020 年 1 月—2020 年 7 月

这一阶段的重点工作是完成课题的总结以及高效教学方法和模式的推广。因受疫情影响，课题组以线上会议的形式，召开经验交流会，总结研究成果。同时，组织编辑课题开展过程中的优秀教学案例和教师论文集，并进行优秀教学视频的收集、刻录。借助于空中传播平台，实现成果的大范围宣传和应用。

八、课题研究思路与方法

课题组依靠特级教师工作室，坚持课堂教学与探究研讨结合、教材内容与拓展专题结合的方式进行研究实践，主要采用了以下几种研究方法：

1. 实践研究法：研究教师对不同文本资料的阅读教学模式，进行方法的收集和总结，其中所包括的文本类型分别为：论述类、文学类、实用类等。探索不同文体的阅读方法和思维规律，以课例实践为主，在实践中得出结论，保证成果的真实性和可行性。

2. 案例分析法：课题组依托特级教师工作室，通过对研讨课、观摩课、公开课等多种类型的课例进行研究，发现实际教学中出现的问题并提出解决措施。

3. 文献研究法：研究人员学习并讨论了新课程思路下的语文阅读教学细节，包括：工作要求、工作成果、实践过程、思路设计等，结合文献中的讨论思路，尝试综合、全面地掌握现阶段语文阅读的教学工作所达到的高度，并对今后的工作做出了规划。

4. 调查研究法：课题组成员还将通过问卷调查、学生反馈、学生的读书报告、学生的作品等多种渠道进行研究，对研究中所提出的问题做细致分析，继而得到可行的尝试思路和方法。

九、课题研究取得的主要成果

（一）探索出了高中语文"阅读教学"高效课堂教学模式必备的"五大要素"。

经过实践研究，课题组教师就高中语文高效课堂模式达成共识，必须包括以下五大要素。

1. 高效备课

要想保证高效课程教学质量，必须保证充分的课前准备，后者是前者的基础和保证。

第一，制订适宜的三维目标。教师要根据语文学科的教学性质以及所在班级学生的综合水平、理解能力和日常表现，开展与学生水平相适应的教学活动，在全面解读教材的基础上，使用精练的语言将教材的内容传授给学生，同时，补充一些教材中缺少的知识点，使学生对于阅读知识的掌握有进一步的拓展，依据学生实际情况确定教学目标，选择并重新组合教学内容，教学工作需要细化到具体的某一节课，保证每堂课都能实现预先设定的目标，使学生掌握知识点和方法，又有情感、态度与价值观的渗透。

第二，实时了解学生的学习动态。了解学生对已经学习过的知识的理解程度和掌握状况，对学生的生活状况和心理感受也有所了解。客观地分析学生对于知识的具体需求，进而制定出满足学生实际需要的教学计划，使学生在课堂学习以后取得进步。

第三，结合学生对知识的实际掌握情况研究教学计划，组织教学工作，在教学中引入情景教学等多种模式，制定适合学生需要的教学思路和计划。

第四，明确学生的情况，依据学生的需要制定教学计划，使学生成为支配课堂的主体。

第五，要提高提问的有效性。把握好教学的难易水平，选择合理的教学角度，把握知识难度梯度，使学习内容的针对性强，启发并引导学生自主探索学习的思路。

2. 高效导课

在语文课堂教学中的一个关键性构成部分就是导课。在课堂上要引导学生积极参与，借助于教师的语言引导，使学生积极参加到课堂互动中，使学生在参与以后主动了解教学内容，对学习内容感兴趣，进而主动学习，这就会无形中提高学习质量。导课在一堂课中所占的时间十分有限，通常是刚开始上课的最初几分钟时间。教师的导课过程也是引导学生参与的过程，要对学生的学习状况、身心特点有全面的掌握，同时，也要适应不同类型、内容课程的实际要求。

（1）创设情境——拓展思维空间

在特定的情境下，可以使学生从情感方面产生共鸣，调整情绪，使自己融入学习的氛围当中，在课堂中发挥主导作用，成为课堂的主人。语文课堂中导课的引入点要合理、恰到好处。情境构建的优势在于为学生营造出需要的思考环境，关键点是保证情境和课堂内容相关联，使其中的教育资源得到有效利用，为课程的导入做好基础和准备。

（2）设置悬疑——提高学习兴趣

在疑问的驱动下，学生会积极主动地对新知识进行探索，教师要借助于这一机会引导学生从正确的角度去解决问题，实现教学目标。在以往的课堂实践中，矛盾和疑问都可以使学生的积极性和主动性得以激发，拓展学生思维范围，使其主动学习和思考。

（3）巧妙引导——铺垫相关知识

课堂教学的顺利开展与预先的合理铺垫具有紧密的关联性，进而才能推进并拓展教学内容，引导学生在完成老师教学目标以后继续拓展思路。例如，借助于音频、视频或者简讯、资料都能够引导学生们走进学习内容，进入学习状态。

（4）直截了当——省时增效

为了使学生在语文教学中积极主动地参与学习，教师可以借助于简单、精彩的语言直接对本节课的知识点做出概括。这样的课程导入方式复杂程度低，但是很容易理解，进而吸引学生的注意力，使他们对本节课的内容感兴趣，主动参与到教学中。

3. 高效授课

在课堂中，教学必须要进行讲解，界定课堂高效性的标准就是教师的语言是否具有积极的启发和引导作用，是否实现了学生理解的强化以及对关键知识点的点拨，如果不具备上述几点特征，则课堂不可以称之为高效的。

（1）讲的时间

由于课堂的教学时间是确定的，所以教师在传授知识时要避免冗杂，尽可能语言精练，内容经典。要给学生充足的时间消化理解和开展练习，依据自身的具体情况来交流、讨论和拓展。

（2）讲的内容

课堂上的精练，一方面是对讲课内容的要求，一方面是对教师语言的要求，不仅是对讲什么做出了要求，同时也对怎么讲做出了限制。教师要在课堂中介绍一些关键的内容、容易弄错或者疏忽的内容，讲解一些规律性、总结性的知识和方法。不讲已会的、能学会的，删除无用的，淡化低效的。

（3）讲的节奏

为了使学生享受学习的过程，相对轻松地掌握知识点和方法，教师可以借助于一些带有暗示作用的效应强化学生的记忆。一方面可以提高课堂的教学效率，另一方面也使学生融入到课堂当中。教师在对整节课的教学内容有全面的把握以后，合理控制教学节奏，对于一些需要学生重点掌握的知识点和难度较大的知识点多预留学习时间，一些教学中不重点的知识点和简单的知识点一带而过，合理过渡和衔接，使课程进度具有较强的条理性。

4. 高效提问

（1）预设性

教师在备课时，要认真准备并合理设置问题，依照既定的教学目标设计一些与教学目标直接相关的问题，选择有效的提问方式，可以迅速切入教学主题。这种做法的主要作用包括：通过一些问题的设计，强化课堂上教师和学生之间的互动，使学生通过认真思考教师提出的问题，对教学的主题有更加深入的了解。教师必须要在课前思考，避免临时提出问题，要保证问题的设计巧妙和经典。

（2）清晰性

提高语文课堂教师问题的有效性，必须要保证教师思路清晰，能够准确、概况地做好问题的叙述。清晰的问题有几个特点：语言清晰、简要和学生的意识水平和知识水平相适应，学生可以很容易地理解所使用的语言和词汇，避免使用学生不理解也不掌握的语言和词汇。

（3）启发性

实现语文教学效率的提升，首先要使课堂具有较强的启发性，这样才能吸引学生主动钻研教师所讲授的内容，积极寻找问题的答案。教师在课堂上不应该介绍一些无用或者不相关的内容，不出现一些十分简单且没有必要的问题，这样会抑制学生探索知识的欲望。同时，教师提出的问题中，不允许自带答案，这样就失去了问题设置的意义。

5. 高效理答

学生回答教师提出的问题以后，教师的反应或者回应被称为理答。教师的这一行为是对学生回答情况的总结和回复。教师理答是否妥当，对于学生的学习热情和积极性具有直接的影响，决定了学生是否会继续参与课堂教学，与教师今后的课堂教学甚至是学科教学都具有紧密的关联。课堂中的提问是一个互动的过程，首先教师提出问题，然后学生积极回答，最后教师对学生的回答状况做出总结和回应。理答是用于评价教师和学生课堂互动质量的参数或者指标。如果教师做了高质量的理答，则学生今后的回答质量将会有所提升，二者之间呈现出正比例关系。

高质量的教师课堂理答如下：

如果学生回答问题时自信心十足，教师在学生回答完毕以后，接受回答，继续后面的课堂教学内容，不专门夸赞学生。如果学生在回答问题时有些忐忑，不知道自己是否正确，则教师需要及时判断回答对错，使学生知道自己是否正确，为什么正确，如果错了，错在哪里；即便是答案错误，教师也要引导学生找到正确答案，给予学生积极的肯定，鼓励他不断尝试和努力。尽可能不要当学生回答错误以后，再找到另外一个学生回答。教师对于学生的肯定，基本都是由于学生积极参与了课堂教学，并不是由于答案的正确或者错误。教师肯定的是学生的课堂参与而非答案；如果学生回答错误是由于他的不细心而导致的，教师可以及时明确正确答案，随即展开后续的课堂内容，不浪费时间在没有必要的环节上。

综合上述分析，要保证语文教学的效率，才能引导学生快速进步，推进课程改革的全面展开，使学生的语文能力有所提升。

（二）探索出了具有特色的"三点四化五环节"语文"诗歌阅读教学"高效课堂模式。

1. 三点就是标题文雅点，选题精致点，结尾闪亮点。

对于标题的要求要着眼于所研究的问题，确定优雅闪光的题目，创设出古朴、优雅的文学环境，吸引学生步入学习的氛围。例如："半亩方塘一鉴开，天光云影共徘徊。"这两句诗，都已经点明了课堂教学的内容以及主旨。选题精致点，就是要精选近五年的高考真题，从而使课题研究有针对性和可比性。如褚衍珩老师的选题为 13 年到 15 年的高考题。结尾闪亮点，就是在课堂小结这个环节以一首小诗作结，卒章显志，凸显课题特色。

2. "四化"即"思维化、情景化、问题化、工具化"。

对思维化的解读就是将思维的过程表现出来，借助于图示来描述思维的具体过程和所采用的思维方法，所应用的方法中涵盖了学习中比较多见的概况、抽样、推理等方式，同时也包括一些思考模式，思维的具体过程中包括了作者思考的路线，可以是横向的，也可以是纵向的，或者逐渐递进的，直接切入的等。课堂教学设计中，存在着确定的环节展示了学生的思维导图，老师可以在对导图总结以后做出评价和讲解。

在介绍知识时，以提问的形式做讲解，在讲解问题时妥善创设情境。为了激发学生的学习热情，使他们积极探索，要首先设置问题的情境，使问题的提出恰到好处，使学生很自然地主动思考，从认知层面有所突破，主动探究。在教学实践中，发现学生的实际生活与社会具有极为紧密的关联性，如果问题和学生的活动或者生活区域十分接近，他们就会更加积极地思考。例如刘莹老师的课以刚结束的月考题切入；褚榭珩老师的切入点是学生在学习诗歌时常常遇到的问题。笔者则以学生课前学案出现的问题切入。

"工具化"即充分利用学校的教学设备，在教学中运用白板技术、思维导图、实物投影等，提高课堂效率和课堂容量。

3. "五环节"即实施课堂教学要有"问题导入——范例精讲——个人演练——小组合作——课堂小结"五个环节，并且课上有学案，课后有巩固练习。使教师在教学中的指引作用得以发挥，使学生表现出更强的协作水平，实现教学效力的提升，扩展课堂教学内容，提升课堂教学效率。

课题组成员经过实践，转变课堂教学方式，探索出了有切实指导意义的提升语文阅读效率的途径和方法。研究并讨论了高中语文教学思路和具体的措施，研究人员同时分享了大量相关的教学案例，共撰写优秀教学设计 29 篇，刻录精品课堂视频 22 节，1 人获得市级优秀教学成果三等奖，1 人获省级教学设计评比一等奖，1 人获省级教学设计评比二等奖。

（三）课题组成员理论素养得到有效地提升。课题实施期间，课题组成员通过课题组集中研讨、自主学习、参加课题校本教研活动、外出进修等方式加强对高效教学理论的学习，成员的教学理论水平有了显著的改善，发表课题论文共计 18 篇，在省级论文评比中获一等奖的教师共计 2 人，获二等奖的教师共计 2 人，还有一些教师的文章发表在教育类刊物上。

课题组探索出了较有特色的高效课堂模式并具有了一定的区域影响力。

在课题研究的逐渐推进中，所研究的语文高效教育模式逐步在确定的范围内表现出明显的影响力。课题组成员有 5 人次承担了区县级以上的讲座，6 人次承担了区县级以上的示范课、观摩课，罗华勇被聘为贵阳市语文名师工作室成员，贵州省"国培计划（2017）"网络研修与校本研修整合培训项目坊主。2020 年，课题组主持人蹇红和成员曾德娟承担了"空中黔课"高二年级语文学科的网络授课任务，语文阅读课程在全省开展，获得了教育界和广大学生的一致认可。

使学生的语文能力显著的提高，引导学生积极地致力于语文知识的积累，进而实现素质的提高，学生在高考中取得了令人欣慰的成绩。通过课题的实践研究，学生的学习方式得以转化，学生由以往听、记的静态的学习方式，转变为主动参加、积极学习、乐于表达、协作探索的积极学习模式，学生掌握了课堂，致力于语文知识的探索、研究、思考、表述和总结。

十、课题研究产生的影响

（一）学生方面

学生的语文能力显著提高，学生积极地致力于语文知识的积累，进而实现素质的提高，学生在高考中取得了令人欣慰的成绩。课题研究工作开展以来，通过教师们大量的课堂阅读教学实践、校本选修"享受阅读"的探索、"阅读达标分级实践"课题的研究和语文"诗歌阅读教学""三点四化五环节"高效课堂模式的探究等课题研究活动的开展，全校学生在语文阅读方面的整体水平得到了显著的提高，在高考中取得了使人欣慰的成绩。

1. 阅读广度得以拓展

课题研究四年多来，学生的阅读面得到有效拓展，学生普遍阅读经典美文数量达到 200 篇以上。量的积累促成了学生语文素养的形成和语文能力的提升。

2. 阅读深度得以增加

通过专业的阅读指导，学生不仅广泛涉猎中外经典美文，并能够掌握不同类型文章的阅读方法，从感悟层面上升到方法层面，同时通过方法加深感悟。我们通过第二阶段的课题实施，通过公开课的展示，能够明显看到学生在思维品质上的提升，对文本内涵理解深度的增加。

3. 阅读习惯逐步养成

通过两年的课题推进，在不断地倡导和活动开展中，学生逐步养成了良好的阅读氛围，学生主动读书，并且在阅读后将心得和体会进行积极交流，再将从阅读中获得的知识应用在写作中。这就是一个良好的学习习惯逐步形成的过程。

4. 综合素养不断提升

在课题的研究和探索中，将语文阅读和其他教学活动结合在一起，使学生的综合能力得以强化。学生在各类比赛、展示活动中热情高涨，积极参与，富有创造性，大胆展现自己的能力，而获得的众多奖项也使学生得到肯定，增加信心；在与其他学校的学生交流和讨论时，学生的视野得到了拓展，思路也更加开阔，对其他学习方法和学习模式也有所了解。

杨涛带领高三备课组以《有效提高实验三中学生高考语文优分率的行动研究》为切入点开展课题研究工作，经过一年的辛苦努力，取得了显著的成绩。她在总结课题研究工作时这样表述——思辨与阅读的艺术。她认为，在试卷讲解的过程中，教师对学生提出的要求要针对试卷所涉及的全部知识点，完成试卷的过程实质上是一个思维的过程。所以，在阅读教学中可以选择一些带有问题的阅读资料，这些资料基本都是出题者在长时间的细心选择和思考之后选定的，往往学生为了回答问题并不细致地阅读并体会文章的内涵，在教师的讲解过程中，可以选择不同的阅读模式使学生对文章更好地理解和体会。

（二）教师方面

1. 专业素养不断提升

所谓的教学相长在课题实验中得到充分的展现。在课题实验中积极活动和思考的教师，在教学的很多方面都有所进步。例如，在编撰课题读本中，老师们根据学生的情况确定选篇原则，广泛搜罗名篇名著，精细阅读，审慎选择，无形中提升了老师的文学素养；为了更有效地组织教学，指导学生阅读欣赏，教师不断提升自己的教育教学技能，使课题研究得以顺利开展。

2. 理论素养得以加强

课题旨在对学生进行专业阅读指导，这就要求老师不仅要能够阅读，同时还需以阅读理论作为阅读的支撑。为此，在准备阶段和实施阶段，教师们查阅大量资料，广泛涉猎阅读理论书籍，不断思考和总结。同时，课题组通过参加省内外各种阅读专题讲座，实现了阅读教学理论上的提升。

3. 交流合作得以增进

课题研究不仅给学生搭建了交流的平台，同时也让参与课题实验的教师能够有更多的机会走出学校，与其他课题实验学校的老师们交流切磋，学到了宝贵的经验。

十一、课题研究的反思与设想

（一）课题的反思

1. 课题研究的成功经验

通过课题的研究和实践，取得一定的成果，也从中总结出高中阅读教学上的一些经验。

"高中语文高效阅读教学"既是语文教学质量提升的突破口，也是教师教学中的关注点，将其作为研究的课题，符合学校发展和教师发展的迫切需求。在高效课堂教学模式的研究过程中，我们通过理论的学习，教师就能从新的视角、新的层面应用新的方法，研究过程中不断有新的发现、新的创造，从而揭示出新的规律。同时，通过教学实践的经验总结，提炼加工，又能将其上升为教育理论，有目的地改进教师的教育教学水平。

2. 课题研究的不足之处

虽然课题研究取得了一定的成果，但在研究过程中，我们也发现一些可以改进和提升的地方。

第一、研究人员教育科研水平还有待提高

课题研究实施以来，我们从理论研究和实践研究两方面展开，主要在实践层面进行了认真的尝试，但由于部分研究人员对课题研究的理解不够透彻，经常把日常教学工作和课题研究工作混为一体，在研究中走了一些弯路。课题研究虽然实现了预期的研究目标，并取得了一定的研究成果，但许多成果还处于工作总结的层面。研究人员还需要进一步地提升课题研究水平，新课程背景下高效课堂的教学模式也还需要进行深入地挖掘、提炼。

第二、教师之间对高效课堂教学模式的应用水平存在差距

在课题的实施过程中，不少教师能积极主动地参与到课题的研究中，从理论水平到教学实践，都取得了长足的进步，高效课堂的教学效果也非常明显，但个别的教师由于对课题研究的意义认识不到位，参与课题研究的主动性不够，高效课堂教学的效果就不是很理想。如何调动这部分教师参与课题研究的积极性，促进其教学效果的提升，也是我们课题研究今后要着重解决的问题。

（二）今后的设想

总结经验，改进不足，在今后的课题研究中，我们将着力推进以下四个方面的工作。

（1）进一步加强对教师教育科研方法的培训，提高教师的教育科研能力。

（2）对"高中语文高效阅读教学"模式进行再深入地研究和实践，为贵州省高中阶段语文高效阅读教学模式的研究树立典范。

（3）加强教师在高效课堂教学理论方面的学习和培训，督促教师不断就"四化教学策略"和"六环教学法"在教学中的应用进行反思和改进，不断提高总体应用水平。

（4）通过各种渠道，做好课题成果的推广应用工作。

编后语

　　中国古典诗歌历史悠久，以高度凝练的语言、真挚醇美的情感、和谐的韵律形象地表达作者丰富的思想感情，成为文学领域里一颗璀璨夺目的明珠。

　　诗歌鉴赏不但能提高人们的文学审美情趣，而且能培养人们的良好文化涵养，使人们的思想、情感和道德素质获得提升，丰富文学艺术素养。

　　诗歌所表现的思想内容，常常与作者创作的时代背景有着密切的关系，要想真正领会作者的思想感情，就要对作者创作诗歌的时代背景有所了解。一个时代有一个时代的特点，一个时代有一个时代的文学特性，适当了解某个时代的精神风貌，同样有助于准确把握这个时代的文学作品。

　　"以世论诗"即为再现当时时代、社会环境及作品产生的具体背景，以其世观其诗。语文教学应该重视鉴赏能力的培养，而诗歌教学更是如此。教学中，我们发现有些学生，读书的时间越久，语文学习的热情越低，对比较难懂的古诗文更加不感兴趣。当然，要提高古典诗歌的鉴赏能力，仅靠一朝一夕之功是行不通的。

　　"操千曲而后晓声，观千剑而后识器。"这就要求我们在平时的诗歌训练中，了解作者，辨清风格，仔细揣摩、细心感悟作者的思想感情，认真积累一些诗歌知识，增强自己文化底蕴的积累，相信我们在"操千曲""观千剑"之后，一定会"晓声""识器"的，只有这样，才能在古典诗歌鉴赏阅读中游刃有余。

我们相信这本书就如黑暗里的一点微光，一定能在高中生学习的过程中发挥出它的光和热。